# HARVEST
Neil Young

© Sam Inglis, 2003
*Esta versão foi publicada a partir do acordo com a Bloomsbury Publishing Plc.*

Sam Inglis

# HARVEST

Neil Young

Tradução de
Diogo Henriques

Cobogó

# SUMÁRIO

Sobre a coleção **O LIVRO DO DISCO**     7

*Harvest*     9

Uma viagem pelo passado     17

Pronto para o country     31

Gravando *Harvest*     41

A era *Harvest*     51

Depois de *Harvest*     63

Faixa a faixa     71

A equipe     97

*Harvest* em CD e DVD-Audio     107

# Sobre a coleção O LIVRO DO DISCO

Há, no Brasil, muitos livros dedicados à música popular, mas existe uma lacuna incompreensível de títulos dedicados exclusivamente aos nossos grandes discos de todos os tempos. Inspirados pela série norte-americana 33 $\frac{1}{3}$, da qual estamos publicando volumes essenciais, a coleção O Livro do Disco traz para o público brasileiro textos sobre álbuns que causaram impacto e que de alguma maneira foram cruciais na vida de muita gente. E na nossa também.

Os discos que escolhemos privilegiam o abalo sísmico e o estrondo, mesmo que silencioso, que cada obra causou e segue causando no cenário da música, em seu tempo ou de forma retrospectiva, e não deixam de representar uma visão (uma escuta) dos seus organizadores. Os álbuns selecionados, para nós, são incontornáveis em qualquer mergulho mais fundo na cultura brasileira. E o mesmo critério se aplica aos estrangeiros: discos que, de uma maneira ou de outra, quebraram barreiras, abriram novas searas, definiram paradigmas — dos mais conhecidos aos mais obscuros, o importante é a representatividade e a força do seu impacto na música. E em nós! Desse modo, os autores da coleção são das mais diferentes formações e gerações, escrevendo livremente sobre álbuns que têm relação íntima com sua biografia ou seu interesse por música.

O Livro do Disco é para os fãs de música, mas é também para aqueles que querem ter um contato mais aprofundado, porém acessível, com a história, o contexto e os personagens ao redor de obras históricas.

Pouse os olhos no texto como uma agulha no vinil (um cabeçote na fita ou um feixe de laser no CD) e deixe tocar no volume máximo.

# *Harvest*

"A busca de Young por um abrigo na tempestade ressoa como uma batida do coração", concluía a resenha de quatro estrelas da *Rolling Stone*. O autor, Greg Kot, seguia as canções por um caminho que ia da inquietação à reafirmação, descrevendo "um cenário musical silencioso, por vezes habitado somente por uma gaita espectral, linhas de baixo fantasmagóricas e pela voz de tenor estridente e solitária de Young".

O ano era 1992; o álbum, *Harvest Moon*, de Neil Young. Vinte anos após o lançamento de seu LP mais vendido, Young finalmente realizava aquilo por que seus fãs tinham cansado de esperar. Reagrupou sua banda de apoio de *Harvest*, pegou o violão e gravou uma sequência para o álbum. O resultado foi quase um remake de seu predecessor. Assim como em *Harvest*, Young compôs um núcleo de baladas de inspiração country, optou por gravar ao vivo em estúdio e chamou seu velho amigo Jack Nitzsche para produzir arranjos orquestrais. Convocou inclusive os mesmos cantores famosos que anos antes haviam aparecido para dar os retoques finais em seu único grande hit, "Heart of Gold".

Se *Harvest Moon* tivesse sido lançado em 1973, Young teria sido acusado de fazer mais do mesmo, de cair num autopastiche. Em 1992, entretanto, o álbum foi saudado como o fim de uma grande jornada musical. Nas duas décadas que separam *Harvest* de seu sucessor, Neil Young havia passado de herói hippie a caipira reacionário e feito o caminho de volta. Assustado e horrorizado com o estrelato consequente de *Harvest*, ele abandonou o estilo vitorioso com inspiração no country e partiu rumo ao desconhecido. Com a intenção de perder o público novo que havia conquistado, produziu um pouco de tudo, desde rock de fazer sangrar os ouvidos até experimentos com música eletrônica. Nos anos 1980, Young tinha ido tão longe por esse caminho que poucos achavam que seria capaz de voltar. Mas lá estava ele, e *Harvest Moon* era a confirmação definitiva de um dos ressurgimentos mais notáveis na história do rock. Nem tanto um retorno à forma, mas uma viagem de volta no tempo, o álbum mostrava que Young finalmente aceitara o que todo mundo já sabia: que o *Harvest* original era um clássico, e deveria ser celebrado como tal.

Essa é uma bela história, mas a verdade é mais complicada. Em 1992, Neil Young estava de volta e era celebrado como o único artista de sua geração que ainda fazia música relevante. Naquele momento parecia óbvio que seu álbum mais popular devesse ser considerado fundamental, mas nem sempre havia sido assim. A própria *Rolling Stone* havia criticado *Harvest* na época em que foi lançado, e a sarcástica resenha de John Mendelsohn era apinhada de expressões como "idiotices de amador", "nonsense pomposo e pedante" e "clichês batidos". Ao longo dos anos 1970, uma série de críticos de rock retratou *Harvest* como um álbum de beleza superficial, desprovido de ideias novas ou emoção real. Stephen Holden resumiu a visão de muitos ao descrevê-lo como o álbum "mais comprometedor" de Young.

Nem todas as críticas, entretanto, foram tão negativas quanto a da *Rolling Stone*. A imprensa musical britânica, por exemplo, saudou com entusiasmo tanto *Harvest* quanto "Heart of Gold". Contudo, seria justo afirmar que *Harvest* foi um sucesso apesar da imprensa, e não por causa dela; e não foram apenas os críticos de rock que expressaram seu desgosto pelo álbum mais bem-sucedido de Young. Se pedirmos a qualquer fã de Neil Young para nomear seu álbum favorito, imediatamente teremos uma lista com cerca de dez álbuns, e *Harvest* dificilmente será um deles. Para quem adora o rock causticante de *Rust Never Sleeps* ou a emoção crua de *Tonight's the Night*, *Harvest* soa inofensivo demais, suave demais, popular demais.

Nas poucas entrevistas que deu desde o seu lançamento, Neil Young brincou com a ideia de que *Harvest* era uma aberração, e que seu sucesso o fez ir em busca da selvageria musical. Ao compilar *Decade*, uma retrospectiva em três CDs, ele incluiu metade das canções de *Harvest*, mas criticou "Heart of Gold" num comentário explícito: "Essa canção me pôs no meio da estrada. Mas viajar por essa estrada logo ficou chato, então segui rumo à sarjeta. Foi uma viagem mais dura, mas conheci gente muito mais interessante." Quando finalmente gravou uma sequência para o álbum, a impressão foi de que durante vinte anos sofrera uma pressão ininterrupta para isso: "Quando as pessoas começam a lhe pedir repetidamente que faça a mesma coisa", disse ao jornalista Alan Light, da *Rolling Stone*, "é aí que você percebe que está perto demais de fazer algo de que na verdade quer distância".

Young provavelmente ficou surpreso com a popularidade de *Harvest*, e não há dúvida de que teve medo de ser rotulado como um cantor-compositor de bom gosto e inclinação country. "Eu simplesmente não queria fazer o óbvio, isso não me parecia a coisa certa", disse a Light. Esse tipo de comentário, porém, não deixa de ter um elemento de automitologização. A julgar pela recepção a *Harvest Moon*, seria de imaginar que ele tivesse passado as duas décadas entre um álbum e o outro tentando eliminar de sua música todos os traços sonoros de *Harvest*. Nesse caso, ficaríamos surpresos com álbuns como *Comes a Time*, de 1978, que é tão melodioso e bem-acabado quanto seu maior sucesso. E teríamos de nos perguntar também por que Young tão regularmente volta aos mesmos músicos, ao mesmo estúdio e ao mesmo produtor.

A verdade é que, embora Young tenha se recusado a fazer um segundo *Harvest* de imediato, ele já estava pronto para revisitá-lo muito antes do resto do mundo. *Harvest* pegou a crista de uma onda, quando tipos como Young estavam no ápice e cantores-compositores de estilo meloso eram a última moda. *Harvest Moon* também apareceria com destaque na carreira de Young; sua suavidade marcaria o oportuno reconhecimento de que os tempos do grunge haviam passado. *Comes a Time*, ao contrário, foi lançado num momento em que o punk rock estava em seu esplendor, e embora fosse melhor que *Harvest* ou *Harvest Moon*, não seria possível acolhê-lo com a mesma distinção. Assim que voltou a Nashville, em 1982, Young gravou um álbum que descreveu como "*Harvest* II". Sua gravadora nem sequer o deixou lançá-lo — cantores-compositores de bom gosto e inclinação country eram coisa de dez anos antes, *muito* antiquados.

Graças ao sucesso de *Freedom* (1989), Young foi finalmente capaz de criar um ambiente em que a sonoridade de *Harvest* pudesse mais uma vez prosperar. Os críticos caíram de amores por *Harvest Moon* e se esqueceram de seu desdém pelo original. *Harvest*, enfim, fora admitido no cânone de álbuns clássicos.

A atitude do próprio Neil Young em relação a *Harvest* foi mais consistente, embora mais complexa. Ele se orgulha do álbum, acha que é um bom trabalho, mas não quer ser definido por ele. Para o músico, foi apenas uma viagem alegre, o momento que ele vivia na época — mas apenas por alguns meses. Pouco depois de lançar a sequência, Young resumiu de maneira inteligente o que o original significava para ele: "Foi provavelmente o melhor álbum que já fiz, mas acho esse adjetivo restritivo demais."

Essa é a análise mais perspicaz que Neil Young já fez de sua obra. Ela sugere que a excelência pode ser impressionante e difícil de alcançar, mas não basta para transformar uma coisa em obra de arte. Ela é algo que associamos à destreza, aos pequenos detalhes, à habilidade no emprego das ferramentas. Podemos descrever um desenho arquitetônico perfeitamente executado ou uma réplica do Cutty Sark feita a mão como "excelentes", mas não uma pintura de Rothko ou um romance de Dostoiévski. Excelência e refinamento são qualidades admiráveis, mas não o objetivo final do artista — na verdade, podem ser um obstáculo no caminho desse objetivo.

A força de álbuns como *Tonight's the Night* ou *Everybody Knows This Is Nowhere* reside na recusa de Young ao trabalho elaborado. A proficiência instrumental é vista com desdém, e o estúdio é utilizado apenas como um meio de capturar um momento cru e inadulterado. A maneira de Young tocar guitarra se destaca não por quaisquer nuances mais sutis, mas por sua efetividade brutal, como no definitivo solo de uma só nota em "Cinnamon Girl". Suas melhores canções são boas não porque reúnem acordes de maneira inteligente e interessante, mas porque ignoram o intelecto e vão diretamente ao coração. Suas apresentações mais memoráveis não são aquelas em que ele mostra perfeito controle técnico sobre o instrumento, mas as que trazem às músicas uma intensidade emocional abrasadora.

Essas qualidades não estão presentes em *Harvest* do mesmo modo como em outros álbuns de Neil Young. As delicadas melodias do álbum mostram uma técnica clássica de composição, mas não acendem uma lâmpada incandescente na alma. O fundo musical nunca cai totalmente na suavidade, mas também não dá lugar para uivos de dor ou torrentes de raiva. Pelos padrões de Neil Young, *Harvest* é um álbum mais agradável do que apaixonado, mais cerebral do que emocional. Mas, como demonstra sua carreira, não é todo mundo que compartilha seus padrões.

Alguns artistas acabam sendo definidos por fãs e ouvintes esporádicos em função de sua obra mais popular. Cada álbum posterior de Al Stewart é visto como uma aproximação melhor ou pior do modelo estabelecido em *Year of the Cat*; o Steely Dan forjou seu arquétipo em *Aja*. Em outros casos, porém, especialistas e admiradores casuais têm visões diferentes. "Walk on the Wild Side" e *Transformer* estabeleceram Lou Reed junto à opinião pública como aquele cara com gosto pelas roupas de couro, mas os conhecedores preferem os prazeres mais sombrios de *Berlin* e *Street Hassle*. Para o mundo em geral, Neil Young foi definido, a partir de *Harvest*, como um compositor melancólico que transborda melodias cativantes sorrindo meio sem jeito com um chapéu de palha na mão. Para aqueles que julgam conhecer melhor a sua música, entretanto, o Neil Young real é definido quase por oposição àquele que se mostra em seu álbum mais popular. Muitos fãs e críticos rejeitam o cantor de "Heart of Gold" em favor do Neil Young igualmente romantizado que ouvem em *Tonight's the Night*, tão derrotado pelo desespero e pela bebida que quase não consegue cantar.

Isso não faz justiça nem a *Harvest* nem aos milhões de pessoas que vêm comprando o álbum ao longo dos anos. A força das canções mais sujas de Young não torna as qualidades mais sutis de *Harvest* menos respeitáveis nem a audição do álbum menos cativante. *Harvest* não é nenhum *Lou Reed Live* remendado por músicos pretensiosos e uma gravadora cínica sem praticamente qualquer participação do próprio Reed. Neil Young não entrega as rédeas a ninguém, e nesse sentido *Harvest* é uma criação tão exclusiva quanto *Tonight's the Night* ou *Rust Never Sleeps*. É menos confessional e menos abertamente emotivo, mas não impessoal. É mais leve e suave, mas está longe de ser insípido. Ele apresenta a individualidade de Young de maneira mais acessível, sem jamais deixá-la em segundo plano. Mesmo os fãs que o consideram um embuste comercial não podem desejar que ele jamais tivesse sido feito, pois se Neil Young não tivesse encontrado o meio da estrada, jamais teria chegado à sarjeta.

# Uma viagem pelo passado

Neil Young é um daqueles artistas que têm uma identidade sonora muito própria. No decorrer de sua longa carreira, passeou por quase todos os gêneros da música popular: folk, rock, country, pop, blues. Suas incursões por esses estilos alcançaram graus variados de sucesso, mas mesmo seus pastiches de outros artistas são imediatamente reconhecidos como álbuns de Neil Young. Boa parte de seu trabalho é muito pessoal, mas todo ele é extremamente individual.

Embora tivesse apenas 26 anos ao gravar *Harvest*, Young já era um veterano no mercado da música pop. Desde criança tinha um interesse profundo por música, e foi um tanto desajustado nos tempos de escola no Canadá. A poliomielite tinha enfraquecido todo o lado esquerdo de seu corpo, fraqueza da qual ele tinha plena consciência. Seus pais, Scott e Rassy, se divorciaram quando ele tinha 12 anos. Scott permaneceu em Toronto com Bob, o irmão mais velho de Neil, enquanto este partiu com Rassy para Winnipeg em busca de um novo começo. Ele passava as noites ouvindo música pop americana no rádio ou tocando guitarra com bandas da escola.

Sua primeira banda de verdade, The Squires, no início tocava principalmente temas instrumentais de guitarra no estilo do The Shadows. Eles alcançaram uma certa popularidade no Canadá, mas as ambições de Young iam mais além, nos âmbitos musical e geográfico. Mesmo naquela época, ele não estava disposto a aceitar que um músico fosse obrigado a se restringir a um estilo. Embora tivesse uma impressão terrível da própria voz, queria desesperadamente ser cantor. Tinha ouvido os Rolling Stones e queria aquela liberdade do rock. Tinha ouvido Bob Dylan e queria escrever letras que fossem além do pop descartável. Queria tocar em cafés e bares e também em ginásios de escola.

The Squires diversificou seu repertório, introduzindo mais canções de Young — para não falar de seus solos de guitarra cada vez mais psicóticos — e excursionando mais pelo Canadá, mas o grande sucesso não veio e o grupo acabou se separando. A carreira paralela de Young como cantor-compositor de bar também não decolou, e sua última tentativa de fazer sucesso no Canadá o levou a se juntar a uma banda que desafiava classificações. The Mynah Birds combinava soul negro e rock branco, e por um momento voou alto, chegando a assinar contrato com a Motown. Mas a banda acabou antes mesmo de lançar seu primeiro disco, quando se descobriu que o vocalista Rick James tinha desertado da Marinha dos Estados Unidos.

Com o fim do The Mynah Birds, Neil Young decidiu não perder mais tempo tentando o sucesso no Canadá. Em 1966, Los Angeles havia se tornado o lugar do momento, um grande quintal da contracultura construído em torno de grupos como The Byrds e The Mamas and the Papas. Essas bandas estavam comprovando aquilo que Young sempre havia sentido: que os músicos não eram obrigados a se ater a um único estilo musical. The Byrds combinava o folk dylanesco e o pop *à la* Beatles com uma dose saudável de experimentalismo, e o resultado disso estava sempre nas rádios. Ali era o lugar e aquele era o momento em que o ecletismo de Young poderia trabalhar em seu favor.

Neil Young entrou ilegalmente nos Estados Unidos com cinco amigos canadenses, entre eles o baixista Bruce Palmer. Ao volante de um velho carro funerário, eles abriram caminho até a Cidade dos Anjos em busca do estrelato. Ironicamente, foram as conexões canadenses de Young que o ajudaram em LA, quando seu carro foi visto na estrada por Stephen Stills, um cantor americano que Young conhecera em Fort William. Stills também tinha ido a Los Angeles para fazer fortuna, levando com ele seu colega cantor e compositor Richie Furay. Stills, Young, Furay e Palmer formaram uma banda, e arrastaram ainda um outro canadense, o baterista Dewey Martin. O Buffalo Springfield tirou seu nome de uma fabricante de cortadores de grama e seu som de uma série de fontes diferentes. Essa seria a banda capaz de alimentar tanto o lado folk de Young quanto seus solos de guitarra alucinados; de gravar canções pop com dois acordes ou faixas progressivas ambiciosas.

O Buffalo Springfield se tornou um grande nome no cenário alternativo de Los Angeles. Dividindo noites com bandas como Love e The Doors, eles eram cada vez mais conhecidos pelas excelentes apresentações ao vivo, e as expectativas eram altas quando assinaram com a Atlantic Records. Essas expectativas foram, em sua maioria, frustradas. Apesar da propaganda, o primeiro álbum do grupo sofreu com uma produção sem brilho e teve poucas vendas. Uma canção descartável de Stephen Stills, "For What It's Worth", acabou propiciando o hit de que precisavam, mas a essa altura as tensões entre os integrantes, as drogas e o peso da expectativa começaram a falar mais alto.

Enquanto Stephen Stills tinha uma voz de cantor de rock convencionalmente forte, Young estava desesperadamente inseguro em relação ao seu timbre, agudo e fino, mas queria muito cantar suas próprias canções e raramente ficava feliz quando algum outro integrante da banda assumia os vocais de uma delas. Conforme os problemas do grupo iam crescendo, Young começou a ter ataques epiléticos; paralelamente, Palmer foi preso por porte de maconha e deportado para o Canadá. Quando seu segundo álbum, *Buffalo Springfield Again*, foi lançado, a banda estava por um fio. Young saiu e voltou várias vezes antes de abandonar o grupo em definitivo para seguir carreira solo.

Foi durante esse período com o Buffalo Springfield que Neil Young conheceu o compositor Jack Nitzsche. Eles se tornaram amigos próximos e embarcaram numa colaboração ambiciosa chamada "Expecting to Fly", que levou um mês para ser gravada e foi incluída no segundo álbum do Buffalo Springfield, embora Young tenha sido o único do grupo envolvido na produção da faixa. A canção estabeleceu uma direção para o álbum de estreia de Young, cheio de arranjos inteligentes e recursos de estúdio, com camadas de instrumentação em multicanal que muitas vezes submergem a frágil voz de Young. A exceção foi "Last Trip to Tulsa", a última faixa, um número surreal de voz e violão de nove minutos em que Young revive o lado folk de sua personalidade musical.

Houve muito trabalho duro em *Neil Young*, mas o álbum não foi um sucesso. Talvez isso tenha começado a afastar Young das técnicas de produção elaboradas. Seja como for, ele passou a tocar com o The Rockets, uma obscura banda californiana de rock de garagem, e achou a experiência tão restauradora que transformou o grupo em sua nova banda de apoio. No Buffalo Springfield, Young muitas vezes era voto vencido nas discussões internas; em seu primeiro álbum, sua individualidade fora ofuscada por arranjos e produção rígidos. Além disso, apesar do encorajamento de Nitzsche, seus vocais ainda soavam tímidos, como se ele estivesse deslumbrado com as possibilidades do estúdio e com as pessoas talentosas reunidas ali.

O Crazy Horse, como o The Rockets foi rebatizado, eliminava os dois problemas. Não havia dúvida de que Young era o líder e eles, a sua banda de apoio. Dessa vez, Young era o profissional experiente e o Crazy Horse, o novato. Ao mesmo tempo, a presença do grupo propiciava uma plataforma sólida sobre a qual Young podia construir. É difícil imaginar Stephen Stills não fazendo nada além de tocar os dois mesmos acordes repetidamente durante dez minutos enquanto Young se lançava em algum solo épico de guitarra, mas esse foi o papel do Crazy Horse desde o início. Eles eram e sempre foram uma banda de rock das mais básicas.

Young gravou um álbum com a formação original do Crazy Horse. *Everybody Knows This Is Nowhere* estava a um mundo de distância do trabalho que fizera com Jack Nitzsche. Todos os artifícios foram eliminados. As canções de três acordes eram brutalmente simples, os arranjos, esparsos e as execuções muitas vezes realizadas ao vivo, de modo bem cru. A confiança de Young como cantor obviamente crescera, embora ele ainda substituísse posteriormente os vocais gravados ao vivo.

*Everybody Knows This Is Nowhere* continua sendo um favorito de Young e de seus fãs, mas na época de seu lançamento fez apenas um sucesso modesto. Seus shows ao vivo, com o Crazy Horse ou sozinho, à maneira folk, foram bem recebidos, mas a carreira de Young como artista solo só seria definitivamente estabelecida a partir do seu encontro com uma outra banda.

Enquanto Young estava trancado no estúdio com Jack Nitzsche ou ensurdecendo plateias com o Crazy Horse em clubes pequenos, seus velhos colegas do Buffalo Springfield não estavam à toa. O mais bem-sucedido deles era, de longe, Stephen Stills. A virada dos anos 1970 foi a época dos supergrupos, quando integrantes de bandas que vendiam muito abandonavam seus colegas de grupo para se aventurar em pretensiosas colaborações com outros músicos de sucesso. Com muita frequência, a soma das partes acabava se revelando ridiculamente pequena, os egos entravam em confronto e os membros do supergrupo logo partiam para carreiras solo. Crosby, Stills e Nash, entretanto, tiraram a sorte grande.

David Crosby era figura central no cenário de Los Angeles, tendo se tornado alternativo demais até mesmo para o The Byrds. Graham Nash, de maneira semelhante, havia se envolvido demais com a contracultura para continuar tocando com seus colegas ingleses certinhos do The Hollies. Nem eles nem Stills tinham a opção de voltar para suas antigas bandas se seu novo grupo não vingasse. Mas isso não aconteceu. Batizado criativamente como Crosby, Stills & Nash, o grupo gravou um álbum de canções hippies ambiciosas e cheias de harmonias. Temperado em estúdio, o trabalho chegou ao topo das paradas dos Estados Unidos e permaneceu nas listas dos mais vendidos por dois anos.

Stephen Stills alcançara, assim, um sucesso infinitamente maior que o de Young em sua fase pós-Springfield. Stills estava no centro daquele que era provavelmente o maior novo grupo dos Estados Unidos, enquanto Young ainda tocava em pequenos clubes e bares. Assim como Young, porém, ele não queria se comprometer para sempre com um dos lados entre o acústico e o elétrico. O Buffalo Springfield havia combinado as estéticas folk e rock com grande eficácia, e Stills desejava o mesmo para seu novo grupo. A fim de impulsionar o apelo rock'n'roll do Crosby, Stills & Nash [CSN], seus membros chegaram à conclusão de que era necessário um outro músico, e, apesar das discussões que haviam acabado com o Buffalo Springfield, Stills sentia que Young era o homem certo para o trabalho.

A relação de Neil Young com Stephen Stills não era mais fácil dentro do toscamente batizado Crosby, Stills, Nash & Young [CSNY] do que havia sido nos tempos do Buffalo Springfield. O desapreço de Young pelas técnicas de gravação meticulosas, canal por canal, que usara em seu primeiro álbum foi cimentado de vez durante as sessões de gravação do álbum de estreia do CSNY. O perfeccionismo de Stills era tamanho que mais tarde ele declarou terem levado oitocentas horas de estúdio para gravar o disco. Apenas três canções em *Déjà Vu* são verdadeiras apresentações com a banda toda — em uma delas, "Woodstock", Stephen Stills apagou o vocal original de Young, gravado ao vivo, e o substituiu por um take mais preciso, mas menos mágico. "'Woodstock' no início era uma bela gravação", Young disse mais tarde a Cameron Crowe. "No final, eles já estavam no estúdio há muito tempo e começaram a se concentrar em detalhes. [...] Refizeram várias coisas que eu achava que antes soavam mais cruas e vitais."

Pelo simples fato de se juntar ao CSNY, Young foi catapultado da obscuridade para o estrelato. A indústria da música americana havia passado anos procurando uma banda nativa que pudesse rivalizar com o apelo universal dos Beatles, e o CSNY parecia o candidato mais promissor desde os Beach Boys. O lançamento de *Déjà Vu* confirmou o status do grupo: foi o álbum mais ansiosamente aguardado em anos, vendendo mais de 2 milhões de cópias só nas pré-vendas. Os shows do CSNY eram espetáculos enormes de três horas, e eles contaram com um espaço de destaque no festival de Woodstock em agosto de 1969. Ainda assim, os sentimentos ambíguos de

Young em relação a *Déjà Vu* encontraram respaldo em alguns ouvintes e críticos, que o acharam presunçoso e floreado demais. Os aspectos negativos da vida de astro do rock apareciam cada vez mais depressa. Atenção indesejada e incompreensiva por parte dos fãs e da imprensa, uso pesado de drogas, explosões de ego e discussões sobre dinheiro — tudo isso se combinava para azedar a experiência.

Assim como Stephen Stills, Neil Young desejava manter abertas todas as vias musicais que havia explorado. Com o CSNY, Stills tentou criar uma banda capaz de passear ao mesmo tempo por harmonias angelicais e rock inflamado, pelo folk delicado e o blues sujo. Young também usou o CSNY como veículo para expressar lados diferentes de sua personalidade musical: ele podia ficar sozinho no palco com seu violão, convocar três vozes poderosas para acrescentar harmonias ou lançar-se em rosnantes duelos de guitarra com Stills. Ainda assim, o comprometimento de Young com o CSNY naquela época era apenas parcial, e ele devotava a mesma energia perseguindo os diferentes rumos que havia começado a traçar em sua carreira solo.

O principal deles, na época, era tocar com o Crazy Horse. Acrescentar um pouco de rock'n'roll nas turnês do CSN era ótimo, mas o minimalismo cru de sua própria banda era algo completamente diferente: uma visão musical que era puro Neil Young, com uma força que não se deixava conter pelas sutilezas do folk. Young alternava os ensaios do CSNY com as sessões de gravação com o Crazy Horse, e gravou material quase suficiente para um álbum completo. Então veio o desastre. Quando Young voltou ao Crazy Horse depois dos trabalhos em *Déjà Vu* para amarrar algumas pontas soltas, o guitarrista Danny Whitten tinha se tornado um viciado que desmaiava no palco e era incapaz de se lembrar das músicas. Horrorizado, Young despediu a banda e engavetou a maior parte do que haviam gravado.

Os dois primeiros álbuns solo de Young exploraram linhas bem distintas de sua visão musical. O terceiro, *After the Gold Rush*, reunia várias dessas linhas. O Neil Young dos clubes folk, cheio de imagens líricas bizarras e levadas elegantes no violão, brilhava em faixas místicas e hippies como "Tell Me Why". "I Believe in You" e o modesto hit "Only Love Can Break Your Heart" eram obras de um baladista sofisticado, que unia versos emotivos a melodias grudentas, enquanto "Southern Man" e "When You Dance I Can Really Love" revelavam um Neil Young roqueiro alucinado. Uma outra personalidade do músico era evidente na sua interpretação angustiada de "Oh Lonesome Me", de Don Gibson. Esse Young, vislumbrado anteriormente na faixa-título de *Everybody Knows This Is Nowhere* e na canção instrumental que abria seu álbum de estreia, vestia jaqueta com franjas e botas de cowboy. Todos esses personagens acabariam povoando *Harvest*, mas o lado country de Neil se tornaria muito mais proeminente.

Apesar da diversidade musical, *After the Gold Rush* foi a realização mais completa e coerente da filosofia de gravação bastante particular de Young. Em vez de alugar um estúdio profissional, Young e o produtor David Briggs transformaram o porão da casa de Young, em Topanga Canyon, Califórnia, num local de gravação. Ralph Molina, baterista do Crazy Horse, e Greg Reeves, baixista do CSNY, montaram seu equipamento no espaço apertado, e a eles se juntou um fã de Neil Young muito sortudo. Nils Lofgren era um guitarrista talentoso que havia aparecido no camarim de Young depois de um show no ano anterior, e agora ele estava na casa de Young, gravando seu álbum novo. O único porém era a insistência de Young para que ele tocasse piano em vez de guitarra.

Esse é um bom exemplo da abordagem de Young das gravações, em que privilegiava o frescor e a simplicidade como forças propulsoras. Ele desejava ter músicos capazes de acertar o ponto da canção sem obscurecê-la com uma virtuosidade instrumental espúria; desejava também um ambiente onde os músicos pudessem ficar relaxados e descontraídos enquanto tocavam. Houve overdubs em *After the Gold Rush*, mas a experiência com a faixa "Woodstock" garantia que Young gravasse ao vivo tanto quanto fosse possível, incluindo todos os seus vocais.

*After the Gold Rush* foi um grande sucesso, e permanece sendo um dos álbuns mais apreciados de Young. Naquele momento, porém, nem todos os críticos foram generosos, e alguns fãs acharam o álbum mediano depois do sopro de ar fresco que havia sido *Everybody Knows This Is Nowhere*. Nesse meio-tempo, o estrelato continuava cobrando seu preço. O CSNY travava discussões amargas, e o casamento de Young com Susan Acevedo ruiu. Desesperado por paz e tranquilidade, ele vendeu sua casa em Topanga Canyon e se mudou para um rancho nas montanhas perto de São Francisco. Suas costas, debilitadas no lado esquerdo por conta da pólio de sua infância, cederam completamente quando ele tentou mover uma pesada tora de madeira. O ano seguinte se resumiria a visitas ao hospital, remédios fortes e descanso compulsório.

De qualquer maneira, Young não ficaria sozinho por muito tempo. Seu romance com a atriz Carrie Snodgress floresceu enquanto ele estava no hospital, e em 1971 ela foi morar com ele no rancho, trazendo um séquito bizarro de amigos, familiares e oportunistas. Uma dessas pessoas, a mãe de Carrie, Carolyn, serviria como parte da inspiração para a faixa-título de *Harvest*.

A própria Carrie estava claramente nos pensamentos de Young quando ele escreveu uma nova canção, "A Man Needs a Maid". Com várias novas experiências para digerir e tempo suficiente para sentar e escrever, aquele foi um período produtivo na carreira de Neil Young como compositor.

A maior parte das canções em *Harvest*, assim como várias outras que apareceriam em álbuns posteriores, foram escritas depois que Neil Young se mudou para o rancho, em agosto de 1970. Naquela época, porém, parece que ele planejava dar sequência a *After the Gold Rush* com algo bem diferente do que acabou surgindo. Com Danny Whitten e, portanto, com o Crazy Horse fora de cena, Young excursionava como artista solo, e embora a turnê se destinasse a promover *After the Gold Rush*, ele estava ansioso para apresentar material novo. Vários desses shows foram gravados — incluindo um no Royce Hall da UCLA e duas noites no Massey Hall em Toronto —, e a gravadora Reprise anunciou o futuro lançamento de um álbum duplo ao vivo, que traria meia dúzia de canções novas e alguns destaques do catálogo de Young, em especial duas composições originalmente gravadas pelo Buffalo Springfield com Richie Furay nos vocais.

O álbum duplo ao vivo e acústico esboçado poderia ter sido um sucesso, visto o entusiasmo que os shows haviam gerado. Os planos de lançamento avançaram bastante, e a lista de faixas do álbum chegou a ser divulgada à imprensa, mas o projeto não se concretizou. As razões para essa decisão nunca ficaram inteiramente claras, mas sem dúvida tinham muito a ver com o lançamento iminente de um outro álbum duplo ao vivo que trazia Young: *Four Way Street*, do CSNY. Os conflitos dentro do CSNY haviam reduzido completamente sua produtividade no estúdio, que já era limitada, mas o público e a gravadora clamavam por uma sequência ao bem-sucedido *Déjà Vu*. Uma vez que os shows do CSNY tinham excelente reputação, *Four Way Street* era a solução óbvia.

*Four Way Street* foi dividido em um álbum elétrico e outro acústico. Embora este último trouxesse apenas três canções de Young, seu lançamento no início de 1971 provavelmente bastou para tornar redundante a ideia de um álbum solo ao vivo e acústico de Young, se não em termos artísticos, pelo menos em termos comerciais. Também é possível que Young tenha simplesmente ficado receoso com o projeto. Afinal, é difícil imaginar algo que exponha mais um artista do que o formato de álbum ao vivo e acústico, sobretudo um artista que ainda nutria inseguranças em relação ao próprio canto. Embora tenha continuado a apresentar sets acústicos ao longo de sua carreira, Young nunca dedicou mais do que a metade de um disco para registrar essas performances.

Além disso, Young era tão eclético que nenhuma linha da sua personalidade musical conseguiu prevalecer por muito tempo, e foi por volta dessa época que ele começou a buscar uma direção totalmente nova. Young pode ter se voltado contra as apuradas técnicas de produção que ele e Jack Nitzsche utilizaram em seu primeiro álbum, mas não queria abandonar a parceria criativa com Nitzsche. O papel do compositor em *After the Gold Rush* havia se resumido a algumas notas de piano enfurecido, mas agora ele e Young tinham em mente uma colaboração mais ambiciosa. Nitzsche pegou "A Man Needs a Maid" e uma outra balada para piano, "There's a World", e escreveu para elas extravagantes arranjos orquestrais. Seria esse o modelo para o novo álbum de Young?

O sucessor de *After the Gold Rush* poderia mostrar o lado folk, ou o primeiro vislumbre de um Neil Young épico. No fim das contas, os dois estilos estiveram presentes, mas nenhum deles foi determinante. Talvez Young tivesse pretendido inicialmente que o estilo orquestral prevalecesse no novo álbum, mas quando foi gravar com a Orquestra Sinfônica de Londres ele já tinha um futuro "número um" na manga, de uma outra fonte. A mesma disposição para experimentar que o levara a Londres também o levara a um estúdio de gravação em Nashville, e foram essas sessões que definiram o som de *Harvest*.

# Pronto para o country

Em 1971, assim como hoje, a indústria musical norte-americana estava estabelecida em quatro cidades: Nova York, Los Angeles, Londres e Nashville. Na Inglaterra, ou nas costas Oeste ou Leste, era possível encontrar diversidade. Havia bandas pop de enorme sucesso, mas também orquestras de primeira linha, grupos de jazz e florescentes comunidades de rock underground. Nashville, ao contrário, foi construída quase inteiramente sobre um gênero musical: o country.

Toda a indústria da música country parecia existir num universo paralelo. Ela tinha suas próprias gravadoras, administradas em Nashville e mantidas sob estrito controle por proprietários e empresários todo-poderosos; tinha seu próprio sistema de paradas de sucesso, nas quais astros podiam permanecer no primeiro lugar por semanas a fio sem sequer aparecer nas listas pop; e tinha seus próprios canais para promoção musical, em rádios country e programas de televisão.

No final dos anos 1960 e no início dos anos 1970, a indústria da música country conservava muitas tradições que haviam desaparecido no pop e no rock. O objetivo do rock não era mais emplacar singles, pelo menos não o objetivo principal — a meta eram álbuns de sucesso. Os artistas do rock, ao contrário de muitos astros do country, estavam livres para escolher seu repertório e para gravar apenas suas próprias composições. Além disso, estavam se tornando cada vez mais ambiciosos. Os Beatles haviam mostrado que as gravações pop e rock não precisavam se resumir simplesmente ao registro literal da apresentação ao vivo de uma banda, mas poderiam ser feitas com o uso criativo da tecnologia. Naturalmente, esse processo era difícil e exigia meses no estúdio. A mudança para álbuns como principal formato de venda permitiu que as bandas ampliassem o conceito de música pop, que ia de peças complexas divididas em várias partes com harmônicos pseudoclássicos a improvisos extensos. Uma banda pop como o Buffalo Springfield era mais do que apenas uma reunião de músicos competentes dispostos a tudo para servir de apoio a um cantor: era um grupo de pessoas trabalhando juntas como uma unidade, realizando uma visão musical coletiva.

Em 1971, a música country havia incorporado poucas dessas ideias. Em sua maior parte, os donos, produtores e executivos das gravadoras tinham um controle real sobre as músicas que seus artistas gravavam e a sonoridade que teriam. Alguns artistas tinham suas próprias bandas de apoio, mas a maior parte dos álbuns country era gravada com músicos de estúdio profissionais, e rapidamente. A especialidade de Nashville era a produção em massa de discos, e isso permitiu que a cidade desenvolvesse uma safra de músicos de um profissionalismo lendário. Os estúdios eram alugados por períodos de três horas, e esperava-se que em apenas uma sessão qualquer grupo de músicos fosse capaz de montar seu equipamento, aprender e gravar pelo menos quatro músicas.

A cultura musical única de Nashville era complementada por seus recursos de gravação. Desde os primeiros momentos da gravação musical, todas as quatro grandes cidades desenvolveram convenções diferentes sobre concepção de estúdio, técnica de gravação e equipamento. Todo estúdio tinha sua parcela de equipamentos caseiros, e os engenheiros trabalhavam segundo as técnicas de cada cidade, tentando alcançar o melhor som com o espaço e a aparelhagem disponíveis. No final dos anos 1960, artistas como Bob Dylan e os Rolling Stones estavam livres para viajar e gravar no estúdio que quisessem, mas isso não valia para a maioria dos engenheiros de som. A ideia de um engenheiro freelancer, sem vínculos contratuais com um estúdio específico, ainda estava nascendo, enquanto a polinização cruzada e, por fim, a globalização das técnicas de gravação estavam a anos de distância.

Nos anos 1960 era bastante raro que um engenheiro treinado em uma cidade tivesse qualquer contato com estúdios de outros lugares. Os engenheiros americanos passavam horas quebrando a cabeça para entender o funcionamento do "som britânico", enquanto os engenheiros em Londres estavam igualmente fixados nos discos que vinham de Nova York ou Memphis. Até hoje, quando é possível encontrar a mesma aparelhagem e as mesmas técnicas de gravação em qualquer estúdio do mundo, Nashville conserva uma certa particularidade. "Quando gravei em Londres pela primeira vez, fiquei espantado ao ver como os estúdios lá eram diferentes, e eles ficaram espantados ao ver como minha maneira de gravar era diferente", disse Elliot Mazer, que gravou e produziu o grosso do material em *Harvest*. "Os estúdios de Nashville foram construídos de maneira a obter ritmos sólidos e concisos e vocais isolados. Eles tinham bons sistemas de fones de ouvido e tratamento acústico. Os estúdios de Nova York e Los Angeles eram quase sempre espaços médios ou amplos que funcionavam bem para grupos de jazz e gravações pop grandiosas, e esses estúdios e os engenheiros viravam a cara para o rock."

Em 1971, as coisas estavam apenas começando a mudar, e Elliot Mazer estava na vanguarda. Quase todos os estúdios de Nashville pertenciam e eram administrados por gente de Nashville, mas Mazer vinha de Nova York, onde iniciara sua carreira como executivo da Prestige Records. Embora fosse um engenheiro de gravação competente, ele antes fora produtor, o que não era muito comum, e trabalhara em vários álbuns de jazz e folk, tendo aprendido técnicas de gravação com alguns dos maiores magos de estúdio de Nova York. Como produtor, tivera oportunidades de viajar que eram negadas aos engenheiros, e fora a Nashville pela primeira vez em 1963. "Eu adorava o ambiente de lá", ele diz. "Os estúdios eram ótimos para as partes rítmicas, o som era fantástico e os músicos, extraordinários."

Impressionado, Mazer acabou decidindo se estabelecer em Nashville. "Comecei a cuidar da engenharia das minhas gravações assim que dei início aos projetos em Nashville", ele explica. "Os engenheiros de lá eram bons, mas de escopo mais limitado, porque só tinham gravado country e um pouco de R&B. Em Nova York, como produtor, antes de ir para Nashville, tive a oportunidade de trabalhar com engenheiros de som como Rudy van Gelder, Bob Fine, George Piros, Bill Blachly, Fred Catero, Fred Plaut, Frank Laico, Joe Tarsia e muitos outros. Em Nashville, aprendi com os caras do Bradley's Barn e com alguns engenheiros clássicos da RCA e da Columbia. Prefiro trabalhar com um bom engenheiro, mas depois de certo tempo em Nashville quis usar algumas das ideias que tinha aprendido em Nova York, e a melhor maneira de fazer isso era cuidando eu mesmo da engenharia."

A formação nova-iorquina de Mazer, combinada ao profissionalismo musical que havia em Nashville, produziu resultados que acabaram chegando aos ouvidos de Neil Young e de muitos outros músicos da Costa Oeste. Mazer gravou algumas sessões instrumentais com o baixista Wayne Moss, o baterista Kenny Buttrey e vários outros músicos que frequentavam os estúdios. A banda foi batizada de Area Code 615 e seu álbum de estreia acabou se tornando muito influente no florescente cenário country rock.

"Fiz alguns projetos no Cinderella Sound, de Wayne Moss, e Wayne me deixava cuidar da engenharia enquanto eu o deixava tocar baixo", explica Mazer. "A sala de gravação era uma garagem para dois carros, e tinha um som ótimo. Os projetos do Area Code 615 foram feitos ali. A experiência me ensinou muito sobre gravação."

Em pouco tempo, Mazer decidiu construir seu próprio estúdio. "David Briggs, Norbert Putnam e eu construímos o Quadrafonic Studios por volta dessa época. Nós queríamos uma sala ligeiramente maior, que nos propiciasse muito controle e soasse concisa e encorpada como o Cinderella. Tive a oportunidade de fazer muitos dos meus trabalhos de engenharia lá", disse ele. Os parceiros de Mazer na empreitada eram o produtor musical Norbert Putnam e o pianista de estúdio David Briggs (não o David Briggs que produziu *After the Gold Rush*). Trinta anos depois, Mazer seria chamado para remixar *Harvest* em som surround, mas, naquela época, engenheiros e produtores ainda estavam se entendendo com o estéreo. "Nós chamamos o estúdio de Quadrafonic [quadrafônico] para fazer um pouco de graça", diz Mazer, "embora houvesse realmente quatro alto-falantes na sala técnica. Fiz uma quad mix ali."

As diferenças entre Nashville e Los Angeles ou Nova York não eram apenas musicais, eram políticas. Aos olhos do público da cidade, Neil Young era um personagem da contracultura hippie. O Buffalo Springfield havia tido um papel pioneiro no cenário alternativo de Los Angeles, abraçando a cultura das drogas e fazendo oposição à autoridade instituída. A própria existência do CSNY parecia ser uma afirmação política, e cada palavra da banda era escrutinada por fãs e jornalistas em busca de significado. Quando quatro estudantes foram mortos na Kent State University em 1970, Young registrou seu horror com "Ohio". Gravada pelo CSNY e lançada às pressas um mês depois do crime, a canção resultou num hit que era um protesto poderoso e inequívoco. Depois, é claro, houve "Southern Man", composição polêmica de Young contra o racismo no Sul e a Ku Klux Klan.

Mas a música country era a música do Sul, e havia pouca coisa em comum entre a visão de mundo country e a perspectiva hippie. Os hippies eram contra o *establishment*: a música country *era* um *establishment*, e de um tipo intensamente associado às forças conservadoras. Os compositores country talvez romantizassem a condição do soldado, mas não porque se opunham à Guerra do Vietnã. Os hippies, mais sensíveis, pelo menos apoiavam a ascensão do feminismo. Com poucas exceções, como a da notável Loretta Lynn, a música country patrocinava valores familiares tradicionais e paternalistas. No Sul, homens de cabelo comprido corriam o risco de apanhar na rua, e não se ouvia falar abertamente de uso de drogas. Hippies e fãs de música country encaravam-se a uma grande distância, com desconfiança profunda e mútua.

Abraçar a música country era, portanto, uma decisão corajosa para alguém visto como um herói da contracultura, um ícone do pensamento e da política radicais — pelo menos na época em que Bob Dylan fez isso.

Dylan já tinha um histórico de perturbar seus fãs, tendo abalado rapazes sérios ao "se tornar elétrico", em 1965. Sua decisão de pôr os Hawks de lado e usar músicos de Nashville como banda de apoio para *Blonde on Blonde*, de 1966, deve ter parecido igualmente perversa, embora pouco no álbum soasse "country". Foi o profissionalismo dos músicos que impressionou Dylan e o produtor Bob Johnston — a fina flor de Nashville certamente nunca se defrontara antes com um épico como "Sad-Eyed Lady of the Lowlands", mas não teve problema em assimilar a canção e tocá-la de primeira.

Tendo se recuperado de um acidente de moto que quase lhe custara a vida, Dylan passou boa parte de 1967 gravando com sua banda ao vivo. O resultado dessas sessões, conhecido universalmente como *Basement Tapes*, circulou pela indústria musical como um catálogo de novas canções de Dylan para outros artistas gravarem, mas ele optou por não disponibilizá-las ao público. Em vez disso, voltou a Nashville para gravar um álbum com material novo, chamado *John Wesley Harding*. As gravações eram simples e sem floreios, com clara influência country.

O álbum seguinte de Dylan foi ainda mais longe. Não apenas foi gravado em Nashville, como foi batizado com o nome da cidade, e trazia um dueto com Johnny Cash, talvez o maior astro da música country. A escrita de Dylan também havia passado por uma mudança sísmica. Alegorias grandiosas e jogos de palavra inteligentes agora davam lugar a letras simples, quase banais, e a dissonância musical de *Blonde on Blonde* havia abrandado a ponto de o canto de Dylan soar verdadeiramente melódico. *Nashville Skyline* não foi o primeiro nem o melhor encontro entre as tradições country e pop, mas foi de longe o mais importante, e também o primeiro a alcançar sucesso.

Bob Dylan não foi o único artista pop à frente de seu público no gosto pelo country. Os especialistas da Costa Oeste foram fisgados por bandas como a já mencionada Area Code

615, cuja popularidade ganhou impulso por Kenny Buttrey ter tocado bateria nos álbuns de Dylan. Artistas como Johnny Cash e Merle Haggard tinham muitos admiradores no quadro mais amplo da indústria musical, e, apesar das divergências, havia pontos de contato entre as ideologias hippie e country. Astros de rock presunçosos almejavam o ar de autenticidade que havia em torno do country, seu status de música folclórica americana. Johnny Cash era visto como o herói dos fracos e oprimidos, e seu uso de drogas não deixava a dever ao de nenhum astro pop que se prezasse. Ao mesmo tempo, outras estrelas do country lutavam para romper com a tirania dos executivos de gravadora, e olhavam com inveja para os astros pop que eram livres para gravar o que bem entendessem.

Como muitos outros no movimento hippie, Neil Young ficava assustado com o racismo e as outras questões que assolavam o sul dos Estados Unidos. No entanto, ele parece nunca ter sentido o desprezo instintivo pela música e pela cultura country que alguns, como David Crosby, tiveram de superar. Young crescera no Canadá, onde não havia luta por direitos civis, e nenhum legado amargo da escravidão ou de uma guerra que dividira o país. As rádios country crepitavam até ele pelo espaço celeste sobre as Grandes Planícies da mesma maneira que as estações de música pop e os shows de rock. Tudo isso contribuiu para a educação musical de Young durante a infância. Como um bom hippie, ele protestava indignadamente contra o preconceito e a injustiça no Sul, mas nunca foi o tipo de astro do rock que recuaria diante do som de uma guitarra pedal steel. A entranhada associação entre música country e políticos caipiras parece nunca ter encontrado lugar em Young.

Na época em que Neil Young foi a Nashville, a ideia de um astro do rock ligado à contracultura colaborando com o inimigo caipira havia perdido um pouco de sua importância política. *Nashville Skyline* fora lançado dois anos antes, e tivera seguidores como o grupo The Band. A própria cidade começava a ser reconhecida como um lugar onde os músicos conseguiam trabalhar bem e depressa, e artistas de todos os gêneros voavam até lá para gravar. O rock e o country começavam a construir um público compartilhado graças a programas de tevê de rede nacional como o extravagante *Johnny Cash Show*, que apresentava os maiores nomes do country ao lado de gente como Dylan, Joni Mitchell e James Taylor.

Embora a ideia ainda pudesse provocar mal-estar, em 1971 já não se presumia automaticamente que um astro pop que fosse a Nashville estivesse em vias de se tornar garoto-propaganda do Partido Republicano. No caso de Young, isso não aconteceria pelos dez anos seguintes, e tampouco significava que ele voltaria de lá com um álbum de música country. Mas poderia ser um dado a mais sobre a situação do rock. A ligação de Dylan com a indústria musical de Nashville era uma reação deliberada contra o tipo de produção complexa, experimental, que estava se tornando corriqueira no pop e no rock. Essa onda de experimentação em estúdio fora desencadeada em 1967 com o lançamento de *Sgt. Pepper's Lonely Hearts Club Band*, dos Beatles. Muitos acharam o álbum inspirador, mas Bob Dylan não estava entre eles. "Eu achei *Sgt. Pepper's* muito indulgente", ele disse mais tarde. "Não achei que toda aquela produção fosse necessária."

Neil Young havia contribuído com sua parcela no quesito "estúdio como instrumento". As gravações mais ambiciosas do Buffalo Springfield, como "Broken Arrow" e "Expecting to Fly", eram composições de Young sofisticadas e com edição elaborada. Seu primeiro álbum solo, de maneira semelhante, trazia muitos overdubs e efeitos, enquanto Crosby, Stills e Nash se tornaram sinônimo de excesso no estúdio. Com *After the Gold Rush*, porém, Young voltara-se decisivamente contra esse tipo de abordagem.

Se Dylan retornou ao simples no estúdio como um protesto contra o egocentrismo das estrelas do rock, a motivação de Young parece ter sido menos nobre. Nenhum astro do rock que tivesse decidido gravar com a Orquestra Sinfônica de Londres poderia estar minimamente preocupado com acusações de autoindulgência, e mesmo nesse momento Young se ateve à sua filosofia de gravação recém-descoberta, tocando e cantando ao vivo enquanto a orquestra seguia acompanhando. A verdade parece ser que Young sentia que daquela maneira fazia discos melhores. Ele havia penado para encontrar músicos em Los Angeles que compartilhassem seus ideais, e fracassara completamente em convencer Crosby, Stills e Nash a fazer como ele. Em Nashville, era esse o jeito como os discos sempre haviam sido feitos.

Contudo, ao visitar a cidade pela primeira vez, Young não tinha nenhuma intenção firme de gravar um álbum. A visita em si já era o resultado da relação cada vez mais sólida entre o pop e o country: Young fora convidado a tocar no *Johnny Cash Show*, ao lado de Linda Ronstadt, James Taylor e Tony Joe White. Ele provavelmente não esperava encontrar uma nova banda e um novo produtor ao mesmo tempo.

# Gravando *Harvest*

Com seus contatos dos tempos de Nova York, Elliot Mazer servia como uma ponte entre Nashville e o resto do mundo. Um desses contatos era o empresário de Neil Young, Elliot Roberts, que também empresariava Joni Mitchell. Entre os artistas convidados do *Johnny Cash Show* no dia em que Young participou estava a cantora Linda Ronstadt, que Elliot Mazer também conhecia, tendo produzido seu LP *Silk Purse*. Sabendo que Roberts, Young e Ronstadt estavam a caminho de Nashville, Mazer os convidou para jantar, assim como aos outros participantes do *Johnny Cash Show*.

Neil Young e Elliot Mazer começaram a conversar, e Young revelou que tinha material novo para gravar. Ele conhecia bem os álbuns do Area Code 615 e perguntou a Mazer se seria possível que o baterista e a pedal steel o acompanhassem ao estúdio no dia seguinte.

O baterista Kenny Buttrey estava disponível, mas o baixista Norbert Putnam e o guitarrista Weldon Myrick tinham outros compromissos. Felizmente não faltavam bons músicos em Nashville, e uma banda foi prontamente formada, com Buttrey, o guitarrista Teddy Irwin e o compositor Troy Seals no baixo. Logo em seguida, o lugar de Seals foi tomado por Tim Drummond, que tinha ouvido falar da sessão naquela tarde, e a banda foi completada com Ben Keith na guitarra pedal steel. Elliot recorda:

> Quando Neil tocou aquelas músicas, tudo o que dizia respeito ao som e aos arranjos parecia óbvio. Ele estava totalmente preparado com relação às músicas ao entrar no estúdio. Elas eram ótimas, e ele já tinha uma ideia e os arranjos básicos prontos.
>
> Neil chegou, cantou as músicas e olhou para o estúdio. Nós tínhamos preparado o espaço de modo que ele ficasse bem no meio da banda. Ele perguntou se podia ficar perto da bateria. Entramos para nossa primeira gravação e ele estava feliz. Lá fomos nós. Tínhamos um som excelente, ótimos mixes para fones de ouvido e estávamos totalmente prontos poucos minutos depois de ele chegar. O estúdio nunca foi um obstáculo para ele.
>
> O Quad era uma casa de dois andares em estilo vitoriano. A sala técnica ficava na varanda e o aquário ocupava a sala de estar e a de jantar, que se conectavam por portas deslizantes. A sala de estar tinha painéis de madeira e era [acusticamente] viva, e a sala de jantar era acolchoada. Neil se sentou entre as duas, no vão da porta. Kenny estava na sala de estar, à esquerda dele, e os outros, à direita — baixo, pedal steel, piano, segunda guitarra, banjo.

Esse arranjo, com todos os músicos na mesma sala, não era muito diferente do que Young e David Briggs haviam adotado em *After the Gold Rush*. Embora cada instrumento tivesse seu próprio microfone e fosse registrado em canal próprio num gravador de 16 pistas, não haveria nenhuma maneira de manter o som de cada um deles absolutamente isolado. O som da bateria provavelmente se espalharia por tudo, e seria impossível manter uma separação auricular completa entre todos os instrumentos apinhados na sala de jantar. Elliot Mazer sabia que isso poderia gerar problemas na fase de mixagem, mas aquela era a única maneira de captar uma apresentação ao vivo de verdade: "O vazamento de som dava personalidade ao disco, e sabíamos que não iríamos substituir nada."

Como Dylan e muitos outros, Young era atraído pela ideia de gravar em Nashville, ao menos em parte, pela qualidade dos músicos. Agora que tinha encurralado alguns dos melhores músicos de estúdio do mundo numa sala, ele estabeleceu a regra sobre como queria que suas canções fossem arranjadas. No Crazy Horse ele havia encontrado uma banda disposta a lhe servir da maneira mais básica que se poderia imaginar, sem introduzir qualquer nota desnecessária para o andamento da canção. No caso do Crazy Horse, as coisas eram assim principalmente porque aquele era o único jeito que sabiam tocar: faziam da falta de proficiência a sua virtude.

Já os músicos de Nashville eram proficientes ao extremo. Ao contrário de Crosby, Stills e Nash, contudo, estavam acostumados a ser tratados como coadjuvantes, e nunca se perdiam em grandiloquências, a menos que o cliente pedisse. Nas sessões de *Harvest*, Young ia em outra direção, insistindo nos arranjos mais simples. Era quase como se quisesse reduzir esses músicos altamente talentosos e experientes ao nível do Crazy Horse. "As canções de Young ditaram os arranjos", diz Elliot Mazer. "Pedimos a Kenny que não fizesse viradas em algumas faixas, em outra para não tocar o contratempo. Em uma delas ele usa apenas a mão esquerda."

Os músicos que Young e Mazer haviam reunido eram suficientemente profissionais para atender a essas exigências, mas isso não os fazia soar como o Crazy Horse. O Crazy Horse havia mostrado mais sutileza nas sessões de gravação de *After the Gold Rush* que nas de *Everybody Knows This Is Nowhere*, mas ainda era basicamente uma banda de garagem, correndo sempre o risco de atravessar o andamento ou de esquecer uma mudança de acorde. Com os Stray Gators, como viria a ser conhecido esse conjunto de músicos de Nashville, as coisas funcionavam num nível diferente. Ainda que Young impusesse limites severos à liberdade de interpretação do grupo, eles eram capazes de utilizar sua experiência e sua habilidade de inúmeras pequenas maneiras. "Kenny é um baterista fantástico", explica Elliot Mazer. "Ele tocava perfeitamente em sintonia com Neil, captando a dinâmica das canções, dando-lhes vida."

Uma diferença significativa da banda de *Harvest* para qualquer outra banda anterior de Young era a presença de Ben Keith na guitarra pedal steel. Os arranjos simples de Young em canções como "Out on the Weekend" quase não deixavam espaço a preencher, e Ben Keith, mais que preencher, acentuava a presença desses espaços. Seus acordes soltos apenas circundavam as canções, dando à música abertura em vez de um fechamento. Keith se tornaria um dos colaboradores musicais mais frequentes de Young, e é fácil entender por quê.

A voz de certos cantores é metálica, aguda, e não é um exagero dizer que a de Neil Young lembra uma guitarra pedal steel. A confiança de Young em seu canto havia crescido drasticamente desde os tempos do Buffalo Springfield, e sua peculiaridade foi ainda mais acentuada pelo princípio de gravar tudo ao vivo. Pesarosa, aguda, penetrante, sem nunca ser precisamente afinada, sua voz combinava perfeitamente com o som da pedal steel, à qual todas essas características podiam ser associadas. Até mesmo a dura resenha da *Rolling Stone* admitia que, em *Harvest*, Neil Young continuava cantando "estranhamente bem", e o álbum traz alguns de seus melhores desempenhos vocais.

Para a primeira sessão em Nashville, em fevereiro de 1971, Young convocou os serviços de seus colegas do *Johnny Cash Show*, James Taylor e Linda Ronstadt. A apresentação deles ao método de gravação de Young aconteceu como um choque rápido e brusco. Para a gravação de "Old Man", Taylor recebeu um banjo de seis cordas, instrumento que nunca havia tocado, e contribuiu com Ronstadt nos vocais de apoio de maneira bastante informal. Mazer jogou um microfone na sala técnica, Taylor e Ronstadt o acompanharam, e foi isso.

"Cada canção foi gravada em poucos takes", diz Elliot Mazer. "Com Neil, dá para saber desde o início se um take vai ser mágico. Ele permite que isso aconteça quando sente que a banda e o estúdio estão preparados. Todas as sessões de Neil transmitem a sensação da música que ele está gravando, e essas sessões foram animadas e agradáveis, com muito sentimento. As gravações espelhavam a sensação da música ali produzida."

Essa primeira sessão durou um fim de semana e rendeu a *Harvest* dois singles, "Heart of Gold" e "Old Man". Uma terceira canção, "Bad Fog of Loneliness", também foi gravada, mas não fez parte do álbum final e permanece inédita. "Essa canção não estava no nível das outras", diz Elliot Mazer. "Saiu do páreo bem cedo."

Ficou imediatamente óbvio para Mazer e Kenny Buttrey que "Heart of Gold" estava destinada a ser um hit. Neil Young também estava animado com os resultados de sua primeira sessão de gravação, e quaisquer planos que pudesse ter tido para um álbum ao vivo foram engavetados de vez. Segundo o biógrafo Jimmy McDonough, Young estava tão absorvido pelas sessões no Quadrafonic que nem sequer ouviu as fitas dos shows que havia gravado em Toronto.

Duas canções, é claro, não eram suficientes para fazer um álbum, e uma segunda sessão no Quadrafonic foi agendada, com os mesmos músicos, para o início de abril. Nesse meio-tempo, Young foi a Londres tocar no Royal Festival Hall e gravar uma sessão solo e ao vivo para o *Old Grey Whistle Test*, um programa de tevê da BBC. A maior parte das músicas que Young tocou para a plateia convidada da BBC era nova, e várias delas entrariam em *Harvest*. "Out on the Weekend" era tão nova que ele se esqueceu da letra.

Young e Jack Nitzsche passaram o resto de seu tempo em Londres gravando duas canções para as quais Nitzsche havia escrito arranjos orquestrais. "A Man Needs a Maid" e "There's a World" foram gravadas no salão da prefeitura de Barking com a Orquestra Sinfônica de Londres. Young sentou e tocou piano, enquanto o talentoso Glyn Johns operava os controles no estúdio móvel dos Rolling Stones. (Localizado num subúrbio de East London nada atraente, o salão da prefeitura de Barking não parece uma escolha óbvia. Ele é, no entanto, um dos poucos salões fora de Londres altamente conceituados por sua acústica, e tem sido bastante usado para gravações orquestrais — era um dos favoritos do compositor cult de trilhas sonoras Bernard Herrmann, que gravou ali muitas de suas composições.)

Segundo o texto do encarte de *Decade*, a coletânea de Young, a viagem a Londres também rendeu uma nova canção. "Harvest" acabaria dando nome ao álbum, e foi uma das faixas que Young finalizou com os Stray Gators quando voltou ao Quadrafonic. Mais uma vez, Elliot Mazer assumiu a engenharia de som e a produção, e, mais uma vez, um fim de semana de trabalho rendeu masters das duas canções, "Out on the Weekend" e "Harvest". Tentativas de gravar uma outra faixa, "Alabama", não foram tão bem-sucedidas. Young percebeu que essa canção, assim como "Words", precisava de mais força do que ele podia oferecer com seu método acústico, sentado num estúdio.

Os problemas na coluna de Young persistiam, e ele estava cada vez mais frustrado com os remédios que tinha de tomar e com o fato de não poder tocar guitarra. Em agosto de 1971, ele fez uma cirurgia para remover algumas hérnias de disco e voltou ao rancho para se recuperar. No mês seguinte, Elliot Mazer e os Stray Gators uniram-se a ele e completaram *Harvest*. A banda se instalou num velho celeiro cheio de cocô de passarinho, e um caminhão de gravação Wally Heider foi alugado para imortalizar o resultado das sessões. O Quadrafonic Studios havia se mostrado perfeito para captar a suavidade de canções como "Heart of Gold", mas era um ambiente menos ideal para gravar material mais barulhento. "'Words', 'Alabama' e 'Are You Ready for the Country?' precisavam ser gravadas num lugar mais espaçoso", diz Elliot Mazer. "Nós tínhamos gravado uma versão mais tranquila de 'Alabama' no Quadrafonic, mas não era tão boa quanto a que gravamos no rancho." A edição de *Harvest* em DVD-Audio traz um breve clipe de Mazer "nos bastidores do celeiro" explicando como instalou microfones do lado de fora para captar ecos naturais fortuitos criados pelo formato do terreno e das construções.

A foto na contracapa de *Harvest*, tirada por Joel Bernstein, arquivista de Young, mostra os Stray Gators em ação no celeiro, onde ganharam um novo integrante, Jack Nitzsche. A ideia era que Nitzsche tocasse piano, uma vez que os responsáveis pelos teclados de "Harvest" e de "Old Man" tinham ficado em Nashville. E ele de fato fez isso, mas Young também repetiu o truque que havia pregado em Nils Lofgren, um guitarrista talentoso que Young forçara a tocar piano. Agora, o pianista Nitzsche era ludibriado a tocar guitarra slide em "Are You Ready for the

Country?". O próprio Young estava suficientemente recuperado para ficar de pé e empunhar uma guitarra Gretsch White Falcon em vez do violão a que estivera amarrado durante o ano anterior.

Dessa vez os vocais de apoio ficaram por conta de Stephen Stills, David Crosby e Graham Nash, os colaboradores mais assíduos de Young. A estadia de Nash proporcionou uma das histórias mais conhecidas sobre a excentricidade de Young. O inglês recebeu uma pequena prévia do novo álbum num barco a remo no lago atrás do celeiro. Young e Mazer haviam instalado um sistema de estéreo gigante do lado de fora, com uma pilha de alto-falantes no celeiro e outra na casa. Quando Mazer chegou na margem do lago para perguntar como estava o som, Young gritou de volta: "Mais celeiro!" Dá para ter uma ideia do volume do som pela entrevista com Young no DVD de *Harvest*, na qual um playback de "Words" ressoa através das montanhas.

"Words", "Alabama" e "Are You Ready for the Country?" foram devidamente finalizadas, e a seleção de faixas de *Harvest* ganhou ainda duas peças orquestrais que Young havia completado com Jack Nitzsche, além de um fragmento do disco ao vivo que fora abortado. Em 30 de janeiro de 1971, último dia de sua excursão solo pelos Estados Unidos, Neil Young foi tocar no Royce Hall da Universidade da Califórnia, em Los Angeles, e Henry Lewy gravou o show num estúdio móvel Wally Heider. Uma canção apresentada nesse dia, "The Needle and the Damage Done", acabou entrando em *Harvest*. "Nenhuma outra gravação do Royce Hall foi considerada", diz Elliot Mazer. "Neil escolheu aquela. Ele tem uma memória fenomenal e consegue se lembrar de takes específicos de anos atrás."

Uma vez que as faixas haviam sido definidas, Young e Elliot Mazer começaram a mixar o álbum no rancho. Na faixa-título não foi necessário nenhum trabalho de mixagem, já que a master em estéreo que haviam gravado foi considerada boa o suficiente. As outras faixas, porém, precisavam de bastante trabalho. "Tentar recapturar o clima das sessões originais era o desafio", diz Mazer. Apesar do longo processo de mixagem, o resultado teve uma qualidade pura e direta. A maioria das gravações pop e rock faz uso de uma técnica conhecida como compressão para nivelar os diferentes elementos em uma mixagem. Esse recurso permite dar a vozes e instrumentos individuais um som mais encorpado e substancial, mas se usado com exagero também pode tornar as gravações rasas e sem dinâmica. Elliot Mazer evitou deliberadamente o uso da compressão em *Harvest*, e o som resultante é aberto e amplo.

A ideia de que Young tinha "se tornado country" era reforçada pela arte da capa de Tom Wilkes. Na capa de *After the Gold Rush*, Young espreitava disfarçado numa rua cinzenta da cidade; em *Harvest*, a única imagem era um disco vermelho, em torno do qual flutuavam em elaborada caligrafia o nome de Young e o título do álbum. Com um fundo tênue marrom-couro, a imagem tinha definitivamente um ar rústico. Em nenhuma parte da arte de *Harvest* o rosto de Young aparecia claramente — embora a foto em preto e branco de Joel Bernstein na contracapa mostrasse os Stray Gators em ação no celeiro, de Young só era possível ver os cabelos revoltos. O encarte era ainda mais obscuro, com uma imagem borrada e distorcida de Young refletida numa maçaneta de porta. Era mais fácil decifrar as palavras que Young cantava ouvindo o disco do que pela sua tortuosa caligrafia, mas o encarte com as letras manuscritas dava um toque final cuidadoso. Como embalagem, *Harvest* era discreto, delicado e simples de maneira tocante. Era um belo invólucro para aquele que Neil Young viria a considerar seu mais belo álbum.

# A era *Harvest*

*Harvest* é o único álbum de Young que encontrou espaço nas coleções de discos de pessoas que não colecionam discos. Para cada pessoa que se tornou grande fã de Neil Young depois de comprá-lo, há provavelmente outras vinte que ignoraram todos os outros álbuns que ele gravou.

Qualquer que seja o ano, há sempre um punhado de álbuns que vendem milhões de cópias não porque atraem os fãs de música, mas porque de alguma maneira provocam uma reação emocional em ouvintes casuais. É relativamente fácil vender discos a leitores religiosos de revistas de música que passam as tardes de sábado vasculhando as prateleiras das lojas de disco. O problema é que não há muitas pessoas desse tipo. O Santo Graal da indústria fonográfica não são os discos que recebem críticas entusiasmadas e a admiração de um exército de especialistas, mas aqueles que são comprados por pessoas que só compram um disco por ano.

Depois do fato consumado, parece óbvio que tais álbuns sempre estiveram destinados a fazer enorme sucesso. É bem menos fácil prever quais dos dois ou três num universo de milhares lançados a cada ano irão sustentar todo o negócio; mais difícil ainda para as gravadoras é saber quais artistas vão aparecer com um álbum desse tipo dentro de três, cinco ou dez anos, e é absolutamente impossível encontrar uma fórmula capaz de produzir um disco de sucesso sob encomenda. Graças em grande parte a seu obstinado empresário Elliot Roberts, Neil Young fora capaz de trilhar a carreira solo com muito pouco "direcionamento" artístico por parte da gravadora. Se quisesse, tinha liberdade para alternar entre o hard rock e o folk — podia gravar com uma orquestra sinfônica ou uma banda de garagem, e seria financiado alegremente. *Harvest* justificava a fé que a Warner Bros. tinha nele, e alguns de seus álbuns posteriores testariam os limites dessa fé.

"Estou convencido de que o que faço e aquilo que vende são duas coisas muito diferentes", Young disse a Cameron Crow em 1975. "Se essas duas coisas se encontram, é apenas coincidência." A coincidência, nesse caso, acertou em cheio. O primeiro single de *Harvest*, "Heart of Gold", foi lançado em fevereiro de 1972, chegou às rádios FM e foi catapultado ao topo das paradas na Grã-Bretanha e nos Estados Unidos. O álbum também alcançou o primeiro lugar de vendas nos dois lados do Atlântico e ali permaneceu para se tornar o título mais vendido de 1972 e, nos anos que se seguiram, um dos cavalos de batalha mais confiáveis do fundo de catálogo da Warner Bros.

A julgar pelo consenso entre os críticos da década de 1970, seria possível pensar que esse havia sido o único objetivo de Neil Young ao fazer *Harvest*. Alguns jornalistas davam a entender que, cinicamente, Young decidira fazer o que quer que fosse vender mais, sem pensar em inventividade ou integridade artística. Isso não fazia sentido e continua não fazendo. Se há uma coisa que a carreira de Young demonstrou além de qualquer dúvida é que ele não conseguiria fazer um álbum comercial de caso pensado, ainda que sua vida dependesse disso. Quando seguia uma tendência, era porque acreditava nos músicos que a encabeçavam. Ele foi, por exemplo, um dos poucos sobreviventes dos anos 1960 a se envolver criativamente com o punk rock no final dos anos 1970, e talvez o único a sair dele com a reputação fortalecida. Quando sua gravadora na época, a Geffen, o pressionou a atualizar seu som nos anos 1980, recebeu dele o desconcertante *Trans* e os fiascos *Landing on Water* e *Life*.

*Harvest* levou um ano para ficar pronto, mas não porque Young estivesse polindo meticulosamente cada frase sua para chegar a algum tipo de modelo comercial. Pelos padrões cada vez mais indulgentes dos anos 1970, as sessões de gravação foram notavelmente curtas — uma breve viagem a Londres, dois fins de semana em Nashville e algumas semanas no rancho de Young. O álbum não foi montado segundo qualquer plano geral, e sim peça a peça, como uma colcha de retalhos, com acréscimos à seleção de faixas sempre que Young conseguia alguns dias para dar uma escapada ao estúdio. Enquanto bandas como o Steely Dan construíam seus álbuns de sucesso com trabalho pesado no estúdio, adicionando sucessivas camadas de overdubs para criar produções engenhosas e impecáveis, Young insistia em gravar tudo ao vivo. O que quer que ele estivesse planejando ao trazer os melhores músicos de Nashville para a Califórnia e fazê-los tocar num celeiro arruinado não tinha nada a ver com "se vender".

*Harvest*, contudo, capturou o imaginário do público como nenhum outro álbum de Young. O que lhe dava esse apelo universal? A explicação do próprio Young vai ao cerne da questão: *Harvest* pode não ser uma obra de arte, mas é um disco muito bom. Em particular, é um dos poucos de seus álbuns em que a composição sólida, tradicional e antiquada ocupa um espaço central. Young impôs sua sensibilidade ao som de Nashville, e ao talento dos Stray Gators se somaram melodias e alternâncias de acordes pelas quais qualquer compositor picareta mataria.

Antes de *Harvest*, as composições de Young variavam entre dois extremos. De um lado, peças como "Broken Arrow", do Buffalo Springfield, e "The Old Laughing Lady" mostravam sua luta em busca de profundidade lírica e sofisticação musical. Igualmente cerebrais eram as peças folk dylanescas como "Sugar Mountain" e "I Am a Child", com frases de guitarra pretensiosas e dedilhados nervosos. No outro extremo, os trabalhos de Young com o Crazy Horse eram positivamente simples. Canções como "Down by the River" e "Round and Round" pareciam existir apenas como molduras para longos improvisos.

Em *After the Gold Rush*, o álbum que o revelou ao grande público, Young encontrou um meio-termo produtivo. Canções como "I Believe in You" e "Don't Let It Bring You Down" mostravam sua sensibilidade folk implacável, livre de embromação lírica e musical, dando espaço para execuções poderosas e expressivas. Rocks como "When You Dance" conservavam o frescor de "Down by the River" sem degenerar a canção em improvisos intermináveis. Apenas "Tell Me Why" se entregava a versos sem sentido e arranjos de violão elaborados demais — com maior frequência, as canções sofriam de excesso de simplicidade, como a triste "Birds". Como álbum, *After the Gold Rush* trazia melodias boas o suficiente para superar qualquer minimalismo excessivo da parte de seu criador. Young havia enxugado suas canções e trazido seu som de volta ao essencial, e o resultado final demonstrava isso.

Comparado a *After the Gold Rush*, *Harvest* parece mais refinado por diversas razões. Em primeiro lugar, pela sonoridade do álbum. Gravar *After the Gold Rush* num estúdio de porão havia sido uma façanha notável, mas resultou inevitavelmente num som muito seco e direto — o produtor David Briggs não teve meios de dar corpo ao som dos instrumentos. O material de *Harvest* gravado em Nashville, no entanto, foi gerado num estúdio concebido com um propósito específico, e apresenta um tipo diferente de suavidade e entusiasmo, enquanto as faixas gravadas no celeiro de Young e na prefeitura de Barking têm a expansibilidade que resulta de gravar em espaços amplos.

Em segundo lugar, temos a contribuição dos Stray Gators. Nem toda a determinação de Young em impor uma estética minimalista a seus músicos foi capaz de evitar que o refinamento do grupo aparecesse. Não há desempenhos virtuosos em *Harvest*, mas quando, por exemplo, Kenny Buttrey toca um ritmo na bateria, ele soa diferente de Ralph Molina. O álbum está cheio de pequenos toques de sofisticação, como as harmonias de guitarra de Teddy Irwin e o contratempo perfeitamente ritmado de Buttrey em "Heart of Gold". A guitarra pedal steel de Ben Keith proporciona o contraponto perfeito à voz de Young, que aparece no auge da suavidade.

Acima de tudo estão as próprias canções. Muitos dos críticos que condenaram *Harvest* na época de seu lançamento acusavam Young de chover no molhado. Para eles, o álbum era uma repetição de seu predecessor e carecia de ideias novas e de foco. Olhando retrospectivamente para os dois álbuns, e levando em conta a carreira posterior de Young, a crítica não parece justa. "Alabama" certamente revisitava o mesmo tema de "Southern Man", mas é difícil entender como isso a tornava redundante ou por que o resto do álbum deveria ser julgado da mesma forma. *After the Gold Rush* e *Harvest* tinham cada um a sua voz específica, e é possível traçar entre os dois uma clara linha de desenvolvimento na composição de Young.

Ao escrever as canções que entrariam em *After the Gold Rush*, Young eliminou bastante da complexidade e do artifício que havia usado em seu álbum de estreia. Em *Harvest*, ele permitiu que parte dessas qualidades reaparecesse. Dessa vez, porém, estava mais apto a dominá-las. "Out on the Weekend" e "Old Man", por exemplo, conservam as virtudes centrais de melodia grudenta e letra memorável, mas contam com arranjos de guitarra que vão muito além do básico. Os acordes quebrados e dedilhados delicados não são decorativos, mas centrais para a composição. Não há nessas canções uma nota desnecessária sequer, mas ao mesmo tempo nenhuma delas poderia ser reduzida ao nível de "Round and Round".

Todavia, apesar da elegância evidente em canções como "Old Man", poucos arriscariam dizer que *Harvest* é um álbum melhor que *After the Gold Rush*. Ele tem falhas que seu predecessor não apresenta, e a maior crítica que se faz a ele é que é inconstante. *Harvest* traz algumas das canções mais duradouras de Neil Young, algumas outras difíceis de compreender, tão simples que podem ter sido escritas em questão de minutos, e pelo menos um deslize que escapou ao controle de qualidade. É uma prova — se uma prova for necessária — de que um álbum clássico não precisa ser uniforme, ou uniformemente bom.

A acusação de inconsistência pode ser feita à maior parte dos álbuns de Young, mesmo àqueles que os críticos e fãs adoram. Se você gosta de Neil Young, acaba se acostumando à ideia de que seus álbuns raramente seguem uma veia estilística do início ao fim. Em suas melhores obras, os diferentes lados de sua personalidade musical trabalham juntos para criar um todo ao mesmo tempo variado e musicalmente satisfatório. *Harvest* é um dos álbuns mais ecléticos de Young, mostrando quase todos os caminhos musicais que ele desenvolveu em sua carreira solo. O preço dessa diversidade é que o álbum evolui por meio de uma série de saltos estilísticos abruptos, em vez de construir um clima geral. As canções mais fracas de *After the Gold Rush* são diluídas na atmosfera do álbum, mas cada canção de *Harvest* triunfa ou fracassa por seus próprios méritos. Para cada par de canções agradáveis, há uma justaposição que soa estranha ou artificial.

Isso acaba sendo frustrante, mas de certa forma explica por que *Harvest* é um álbum tão atraente, por que queremos ouvi-lo uma vez atrás da outra. Apesar de toda sua evidente ternura, ele mantém o ouvinte levemente ansioso — nossas expectativas são alimentadas e em seguida cortadas. As faixas, individualmente, não são "difíceis" em termos musicais, mas, da maneira como são apresentadas em *Harvest*, compõem um disco surpreendentemente difícil. Esperamos ser capazes de experienciar um álbum como uma espécie de narrativa linear, mas *Harvest* resiste a qualquer tentativa de se impor um discurso. As canções são leves o suficiente para serem entendidas da primeira vez que as ouvimos, mas o fio que as une permanece difícil de compreender mesmo depois de várias audições. Nós o botamos para tocar de novo porque queremos "entender" *Harvest*, descobrir a relação entre as peças do quebra-cabeça, mas o melhor que conseguimos fazer é vislumbrar fragmentos de uma solução.

As duas primeiras faixas, "Out on the Weekend" e "Harvest", trabalham juntas para criar um clima agradavelmente melancólico. Então, justamente quando nos acostumamos ao tristonho som do Neil Young country, sua veia épica surge do nada, trazendo a reboque a Orquestra Sinfônica de Londres. O arranjo orquestral de "A Man Needs a Maid" talvez não parecesse floreado demais se apresentado isoladamente, mas provoca esse efeito ao vir na sequência da despretensiosa "Harvest". Juntas, a graciosa e cativante "Heart of Gold" e a pungente "Old Man" poderiam restaurar a atmosfera, mas elas são separadas por um improviso medíocre no estilo country blues, para não falar da quebra entre o lado A e o lado B.

O ecletismo de *Harvest* é ainda mais nítido em sua segunda metade. É mais difícil dar o benefício da dúvida ao lado épico de Neil quando ouvimos a delicada "Old Man" abrir caminho para a precipitada e pretensiosa "There's a World". Então, inesperadamente, descobrimos que Neil Young vai enfim fazer rock, e com estilo. "Alabama" é um ótimo exemplo de rock ameaçador, boa o bastante para apagar a lembrança da faixa anterior; mas mal a dissonante guitarra de Young desaparece, já estamos no meio de outra reviravolta. Qualquer impressão de que o álbum possa estar crescendo para algum tipo de clímax é destruída pelo tom brando de um Young trovador folk a discursar gravemente para sua audiência sobre os males da heroína. Antes mesmo que possam terminar de aplaudi-lo, porém, tudo é lavado pela maré agitada de "Words", com ondas infinitas de guitarra revoluteando em torno de fragmentos de versos incompreensíveis.

Apesar de sua diversidade, *Harvest* foi rapidamente classificado pela imprensa e pelo público de uma maneira diferente em relação aos discos anteriores de Young. O fato de ele ter ido gravar em Nashville foi amplamente divulgado, e a arte de capa não fazia nada para contrariar a ideia de que Neil Young tinha "se tornado country". *Nashville Skyline*, de Bob Dylan, havia agido como uma pedra no lago — quando *Harvest* foi lançado, as ondulações já tinham se espalhado por toda a costa, o country rock era o gênero da moda e Young colheu os frutos. Mais importante que tudo para moldar a imagem de *Harvest* foi o primeiro grande sucesso de Young. Com trechos de pedal steel em destaque e vocais de apoio da rainha do country rock, Linda

Ronstadt, "Heart of Gold" parecia apontar uma clara mudança de curso para Young, da mesma maneira que "Lay Lady Lay" fizera por Dylan.

Não era a primeira vez, é claro, que um álbum fazia sucesso impulsionado pela força de um single completamente atípico. Muitos dos que compraram *Odessey & Oracle*, do The Zombies, motivados pelo sucesso "Time of the Season", por exemplo, ficaram surpresos ao ouvir no disco pouquíssimo R&B e muita psicodelia pastoral. Se nenhuma canção poderia ser considerada verdadeiramente característica de *Harvest*, "Heart of Gold" era tão representativa quanto qualquer outra. Não podemos dizer que exista um estilo que prevaleça no álbum, mas o country é sem dúvida o mais destacado.

Na verdade, todavia, *Harvest* não se compromete muito a fundo com a música country. Pioneiros do country rock como The Byrds e The Flying Burrito Brothers tinham ido muito mais longe que Young, vestindo strass e botas e chapéus de cowboy, colocando suas composições ao lado de clássicos de Merle Haggard e do The Louvin Brothers. Comparado a *Sweetheart of the Rodeo* ou *The Gilded Palace of Sin*, *Harvest* dificilmente é um álbum definidor de gênero. Nashville deixou sua marca no som de *Harvest*, mas no fundo este era uma reunião de canções de Neil Young, não um álbum de música country.

A rusticidade da capa sugere uma "countryficação", assim como a presença da guitarra pedal steel, a banda de músicos de Nashville e uma canção chamada "Are You Ready for the Country?", mas qualquer elemento country na música em si é em grande parte superficial. Com exceção da faixa-título, os elementos centrais da música country — sequência típica de acordes, linhas de baixo, ritmos, estrutura da canção — são notáveis apenas por sua ausência. Algumas poucas partes de pedal steel não fazem de *Harvest* um álbum country, assim como violinos e tímpanos não fazem dele um álbum sinfônico.

*Harvest* foi em parte bem-sucedido por ter trazido os ornamentos de um álbum country, mas não muito do seu conteúdo. Era country e western para pessoas que não gostavam de country e western, que não tinham estômago para a coisa de verdade. Para vários fãs devotos, *Harvest* fracassa por razão semelhante: é Neil Young para pessoas que não gostam de Neil Young. Ele representa uma versão leve do músico, com a intensidade emocional diluída a ponto de se tornar palatável para as massas.

Em certa medida, essa percepção é somente uma consequência do sucesso de *Harvest*. Fãs são uma raça perversa, e muitas vezes expressam afeto pelos trabalhos mais obscuros e difíceis dos artistas apenas por serem os mais obscuros e difíceis. Os seguidores dos Beach Boys mostram desprezo generalizado por *Beach Boys Party* enquanto se lançam em debates furiosos sobre a seleção de faixas de *Smile*. A Viena de 1801 provavelmente estava cheia de rapazes de aspecto sério resmungando que com a "Sonata ao luar" Beethoven tinha se vendido, e que boas mesmo eram as cópias do inédito "Concerto para piano negro" que circulavam ilegalmente. *Harvest* é quase fácil demais de se gostar, e isso impõe ao fã de Neil Young a tarefa de ser leve, de ter somente um interesse casual por seu tema. Da mesma forma, nenhum crítico de rock poderia elegê-lo o melhor álbum de Young e manter o respeito entre os colegas. Qual é, afinal de contas, o sentido de um crítico de rock que simplesmente concorda com o público consumidor?

As qualidades de *Harvest* foram muitas vezes ignoradas. A obra tem várias virtudes: melodias fortes, arranjos engenhosamente simples e grandes desempenhos, sobretudo do próprio

Young. Talvez sua melhor qualidade seja nunca ficar chato — mesmo conhecendo suas falhas, não queremos parar de ouvi-lo. Enquanto escrevo este livro devo tê-lo escutado uma centena de vezes, e ainda não enjoei.

Numa análise final, porém, é difícil negar que fãs e críticos tenham alguma razão em seus argumentos. *Harvest* pode ter virtudes completamente ausentes dos melhores álbuns de Young, mas no fim das contas falta a ele algo mais significativo que melodias ou sutilezas: substância. "A Man Needs a Maid" é a única faixa de *Harvest* com o peso emocional de "Tonight's the Night" ou "I Believe in You", e Young optou por enterrá-la sob uma avalanche orquestral. Em outras faixas, como "Old Man" e "Heart of Gold", Young refinou sua técnica de composição à perfeição, mas o resultado permanece sendo mais um produto do engenho que da arte. *Harvest* tem as melodias e reviravoltas mais belas de todo o catálogo de Young, mas carece do impacto arrebatador de seus melhores trabalhos. Ele é, como disse o próprio Young, um belo álbum, mas Neil Young fez grandes álbuns.

# Depois de *Harvest*

Ao se atirar no meio da estrada, como diz a lenda, Neil Young acabou indo em direção à sarjeta. É verdade indiscutível que, pelo resto dos anos 1970, o que ele fazia e o que vendia não coincidiriam novamente. Se é errado acusar *Harvest* de ser excessivamente comercial, também é um erro ver a carreira posterior de Young como um exercício intelectual voraz para afastar o público que esse álbum havia conquistado.

É claro que o sucesso de *Harvest* afetou Young profundamente. Como poderia ser diferente? Ele já se sentia desconfortável com o status de celebridade e a ideia de ser um "hippie rico", e esse álbum o tornaria muito mais rico e muito mais famoso. Ele não gostava de ser uma figura pública e, como explicaria em "Don't Be Denied", de *Time Fades Away*, odiava a ideia de ser "um milionário aos olhos de um executivo" [a millionaire through a businessman's eyes]. Pessoas que ele considerava amigas agora apareciam para tentar tirar dinheiro dele. A mesma banda que durante as gravações de *Harvest* no celeiro vivia em alegre algazarra agora estava envolvida em ásperas discussões sobre como dividir o dinheiro da turnê. "Gostei do disco", Young disse mais tarde a Cameron Crowe, "mas também sabia que algo estava morrendo. Passei a ficar muito recluso".

Young também parecia atingido pela atitude dos críticos de rock. Ele atacou violentamente a crítica musical em "Ambulance Blues", de *On the Beach*, de 1974, declamando:

> So all you critics sit alone
> You're no better than me from what you've shown
> With your stomach pump and your hook-and-ladder dreams[1]

John Mendelsohn afirma que Young estava tão revoltado com a resenha que ele havia publicado na *Rolling Stone* que apareceu em um dos shows do próprio Mendelsohn com a intenção de humilhá-lo em público. A reação crítica a *Harvest*, no entanto, não pode ser apontada como a única responsável pelo desvio de conduta de Young. Afinal, aquela não era a primeira vez que ele recebia uma crítica negativa — seu disco solo anterior, *After the Gold Rush*, também havia levado um pontapé da *Rolling Stone*, e o longamente aguardado álbum de Crosby, Stills, Nash & Young, *Déjà Vu*, foi recebido por alguns com decepção.

A imensa popularidade que Young alcançara com *Harvest* sem dúvida endureceu seus sentimentos sobre o vazio do sucesso comercial, mas não produziu esses sentimentos do nada. Young sempre tivera uma atitude ambivalente em relação ao estrelato, embora o perseguisse com empenho e obstinação muitas vezes irritantes. Os perigos da fama haviam inspirado pelo menos duas canções de seu tempo no Buffalo Springfield, "Mr. Soul" e "Broken Arrow", e seu casamento com Susan Acevedo

---

[1] Vocês críticos ficam sentados sozinhos/ Pelo tanto que mostraram vocês não são melhores do que eu/ Com suas lavagens estomacais e seus sonhos de carro de bombeiros.

ruiu devido à incapacidade de Young de lidar com o sucesso. Antes mesmo de *Harvest*, ele tinha se isolado no interior da Califórnia para tentar ficar afastado de tudo. A experiência com *Harvest* deixou Young ainda mais reticente sobre desempenhar o papel de astro do rock, mas foi o acaso, mais que um esforço consciente, que o levou para a sarjeta.

Repetir o sucesso de *Harvest* em seu álbum seguinte não teria sido fácil mesmo que Neil Young tivesse se tornado uma mente diabólica da indústria musical sem qualquer interesse além de ganhar dinheiro. Como acabou acontecendo, seu álbum seguinte foi um fracasso espetacular, mas isso não foi causado por uma autossabotagem da parte de Young.

Na época em que *Harvest* foi criado, Young vinha alimentando um interesse crescente pelo cinema, e seu projeto seguinte foi seu primeiro longa-metragem, *Journey Through the Past*. A Warner Bros. concordou em distribuir o filme com a condição de que também pudessem lançar um álbum com a trilha sonora. Quando viram o filme, decidiram que era caso perdido e o engavetaram, mas, ansiosos por uma sequência ao bem-sucedido *Harvest*, acabaram lançando o álbum duplo com a trilha sonora. Ele trazia apenas uma canção inédita de Young, espremida entre gravações ao vivo fracas e fragmentos de músicas de grupos como os Beach Boys. O álbum havia sido pensado apenas como trilha sonora, e ter sido lançado como novo LP do superastro Neil Young foi um desastre.

Young teve uma parcela de culpa um pouco maior em seu fiasco de vendas seguinte, mas, mais uma vez, ele foi causado por acontecimentos que estavam fora de seu controle. Para marcar o sucesso de *Harvest* e o fato de estar finalmente curado dos problemas na coluna, Young pediu que seu empresário, Elliot Roberts, agendasse uma turnê longa. Quando o ano de 1972 chegava ao fim, com *Harvest* ainda no topo das paradas, Young reuniu uma banda no rancho para os ensaios. Ao núcleo dos Stray Gators — Ben Keith, Tim Drummond e Kenny Buttrey — ele acrescentou dois músicos, Jack Nitzsche e Danny Whitten. Young tinha sido informado de que Whitten estava limpo, mas depois de poucos dias no rancho ficou claro que seu consumo de drogas estava pior do que nunca. Relutantemente, Neil Young comprou para Whitten uma passagem de avião com destino a Los Angeles, deu a ele cinquenta dólares e o mandou embora. Whitten gastou o dinheiro em drogas, teve uma overdose e morreu naquela mesma noite no banheiro da casa de um amigo.

A morte de Whitten deu o tom para uma turnê calamitosa. A voz de Young não estava preparada para uma turnê tão puxada, e ele nunca ficava satisfeito com o som nas grandes arenas onde escolhia tocar. Percebendo o sucesso colossal de *Harvest*, os membros da banda se rebelaram pedindo mais dinheiro e Buttrey acabou saindo e sendo substituído por Johny Barbata. Young e Nitzsche começaram a beber excessivamente, e os shows eram cada vez mais esculhambados. Além disso, o material novo pouco tinha a ver com o suave *Harvest*: era rock'n'roll elétrico, barulhento e áspero.

O que acabou surgindo foi um álbum ao vivo da turnê, mas em vez de trazer versões agitadas de músicas conhecidas, *Time Fades Away* reunia oito faixas inéditas. A banda havia sido desleixada, a mixagem não ficou boa, a voz de Young soava rouca e desafinada e as canções eram bobas ou dolorosamente pessoais. É possível que Young tenha lançado o disco numa tentativa deliberada de se afastar da estrada, mas o mais provável é que estivesse simplesmente exausto demais para considerar a ideia de entrar em estúdio e gravar o que quer que fosse. De todo modo, *Time Fades Away* foi mais um álbum difícil de vender. Se conseguirmos enxergar além da sua rusticidade, foi também um dos discos mais interessantes de Young, mas não é difícil entender a razão de não ter sumido das prateleiras das lojas. Sem razão, Young chegaria a descrevê-lo como seu pior álbum, e o ignorou solenemente ao compilar a retrospectiva *Decade*.

O desleixo em *Time Fades Away* refletia acuradamente o estado de Young e da banda durante a maratona que foi a turnê. Em seu projeto seguinte, Young chegou a um estado mental ainda mais extremo, dessa vez de propósito. É difícil imaginar um conceito menos comercial do que o de *Tonight's the Night*. Em uma vigília longa e embriagada por Danny Whitten e Bruce Berry, outro camarada vítima das drogas, as canções foram gravadas tarde da noite, quando Young e a banda já estavam tão bêbados que mal conseguiam tocar. *Tonight's the Night* definitivamente não era um "belo" álbum. Seu lançamento atrasou quase dois anos, enquanto Young ajustava a ordem das faixas para torná-lo o mais angustiante possível e a Warner Bros. encabeçava um movimento coletivo de expectativa.

Com efeito, *Tonight's the Night* quase não foi lançado. Young vinha planejando dar sequência a *On the Beach*, um outro álbum bastante melancólico, com um conjunto de agradáveis canções acústicas chamado *Homegrown*. Ele havia retornado a Nashville e ao Quadrafonic para gravar canções como "Star of Bethlehem", e o álbum prometia um retorno tardio ao som doce e acessível de *Harvest*. "*Homegrown* era o elo perdido entre *Harvest*, *Comes a Time*, *Old Ways* e *Harvest Moon*", disse Young mais tarde a Jimmy McDonough. *Homegrown* foi apresentado a alguns amigos numa festa regada a bebida. Infelizmente para o álbum, *Tonight's the Night* estava na mesma fita, e depois de ouvi-la várias vezes, Young mudou de ideia e se decidiu por

*Tonight's the Night*. A maior parte do material em *Homegrown* permanece inédita, aparecendo apenas em bootlegs.

Talvez Neil Young ainda não estivesse preparado para desempenhar novamente o papel de superastro do rock — ou estava? Por um lado, ele abriu mão de um álbum com potencial de vendas para lançar *Tonight's the Night*, esperando receber críticas ruins e vendas ainda piores. Por outro, porém, estava feliz de se juntar mais uma vez a Crosby, Stills e Nash. O projeto de um segundo álbum de estúdio da banda não chegou a se concretizar, mas os quatro embarcaram na turnê mais próspera e lucrativa da história do rock. Depois da turnê de *Time Fades Away*, Young havia se convencido de que não gostava de tocar em estádios, mas lá estava ele, participando da maior turnê por estádios já feita por uma banda de rock. Ele não estava totalmente desinteressado em ser um superastro ou ganhar dinheiro.

Eventualmente, Neil Young acabaria retornando ao som de *Harvest*, ou algo semelhante, mas não seria esse tipo de som que o colocaria de novo nas graças da crítica e dos compradores de discos. Em *Comes a Time*, de 1978, ele voltou a Nashville para gravar uma nova seleção de baladas de inspiração country, mas a dispersão de *Harvest* foi substituída por uma banda de apoio suntuosa que envolvia um número assustador de violinistas. O álbum foi moderadamente bem recebido e teve vendas boas, mas foi seu disco seguinte com o Crazy Horse que entrou em quase todas as listas de melhores álbuns de 1979. *Rust Never Sleeps* mostrava o folk de Neil no lado A enquanto o lado B introduzia a sua veia punk. Sete anos após *Harvest*, aquilo que vendia e aquilo que Neil Young fazia novamente coincidiram.

Como para provar que isso era apenas uma coincidência, seriam necessários outros dez anos para Young conseguir sair da sarjeta. No início dos anos 1980, seu contrato com a Warner

Bros. expirou e ele assinou com a Geffen Records. Na nova casa, foi altamente pressionado a produzir álbuns de sucesso, o que culminaria num processo infame da Geffen contra Young por gravação de material "não característico". Nessa década, ele explorou outros caminhos — passeando pela música eletrônica, pelo pop e até mesmo pelo blues — com desespero cada vez maior, mas passou mais tempo do que nunca focando no country, e teve ainda menos sucesso.

O primeiro álbum de Young na Geffen foi *Trans*, uma curiosa mistura de pop descartável com música eletrônica radical. Quando o gênero explodiu, Young voltou a Nashville para gravar com Elliot Mazer e uma banda que incluía Tim Drummond e Ben Keith. "Era como *Harvest* II", Young disse a James Henke, da *Rolling Stone*, em 1988. "Foi feito em Nashville em apenas alguns dias, basicamente do mesmo jeito que *Harvest*." Contudo, ao ouvir as fitas, a gravadora disse a Young que o álbum era "country demais" para ser um sucesso e se recusou a lançá-lo. "O lance tecnopop estava acontecendo, eles tinham Peter Gabriel e estavam totalmente nessa viagem", Young disse. "Acho que me viam apenas como um velho hippie dos anos 1960 que ainda tentava fazer música acústica." Como se o som de *Harvest* fosse muito comercial.

Mais obstinado do que nunca, e inflamado pelo ridículo processo da Geffen, Neil Young lançou *Old Ways* em 1985. Em parte fruto das sessões rejeitadas pela Geffen, em parte fruto de novas gravações, esse é de longe o álbum mais country que Young já fez, muito mais próximo do country de massa que qualquer coisa em *Harvest* ou *Comes a Time*. Como todos os álbuns de Young na Geffen, foi um fracasso. Talvez eles estivessem certos ao pensar que não era mais possível vender música country, ou talvez naquela época somente uma obra-prima pudesse salvar a carreira de Young do buraco em que havia caído.

De maneira milagrosa, sua carreira acabou sendo salva por uma sequência de duas obras-primas que nem remotamente soavam como *Harvest*. As alternâncias de estilo haviam exposto Young ao risco de se tornar irrelevante, mas sua veia folk retornou em estilo raivoso com *Freedom*, em 1989. Em seguida, junto com o Crazy Horse, em 1990, lançou *Ragged Glory*, justificando sua fama de "Pai do Grunge" com alguns dos rocks mais barulhentos já feitos. Quando o country ressurgiu, a imprensa musical já estava comendo na sua mão de novo.

*Harvest Moon* não foi gravado em Nashville e não foi produzido por Elliot Mazer, mas a intenção era óbvia: era uma sequência explícita a *Harvest*, com a presença e o talento de todos os Stray Gators. As críticas foram eufóricas, as vendas impressionantes. *Harvest Moon* pavimentava o retorno de Young às graças da crítica e do público.

*Harvest Moon* talvez seja mais consistente do que *Harvest* e, como o original, traz melodias pelas quais qualquer compositor mataria para ter criado. O tom é mais uma vez triste e docemente melancólico, e dessa vez cheio de nostalgia, e os Stray Gators estão elegantes e contidos como sempre. Da perspectiva de uma outra década, no entanto, *Harvest Moon* também parece compartilhar muitas das falhas do original. O álbum traz comentários políticos toscos, dessa vez sobre o meio ambiente; há canções tão leves que dão a impressão de terem sido despejadas em vez de compostas; há até mesmo arranjos fajutos de Jack Nitzsche no espírito de "There's a World". O álbum é repleto de belas melodias e arranjos refinados, mas, como em *Harvest*, o encanto superficial trai uma carência de profundidade emocional. Neil Young tinha feito um outro álbum muito bom, mas, novamente, permitira que o engenho prevalecesse sobre a arte.

# Faixa a faixa

### "Out on the Weekend"

As primeiras sessões de Neil Young em Nashville podem ter sido muito divertidas para todo mundo, mas é possível deduzir isso pela maneira como *Harvest* começa. Uma linha pesada de baixo, com duas notas, é acompanhada por uma levada simples de bateria. Acordes quebrados do violão de Young flutuam ao fundo, e a eles se junta uma linha de gaita que poderíamos descrever como melancólica. O arranjo esparso vai se construindo lentamente, antes de ficar ainda mais suave ao ceder espaço à voz crua e cheia de imperfeições de Young: "Think I'll pack it in..." [Acho que vou fazer as malas...]

O clima da música é de resignação, talvez exaustão. O narrador, indiferente, faz planos de se mudar, de "começar um novo dia" [start a brand new day], mas não há convicção em sua voz. Ainda assombrado pela lembrança de um amor perdido, ele não consegue focar no seu sonho de ir para Los Angeles. Seus pensamentos voltam à amada de maneira inevitavelmente triste. Em "Out on the Weekend", Neil Young usa poucas palavras com certa habilidade. Os versos, cantados em primeira pessoa, são introspectivos e melancólicos, e então, no refrão, há uma guinada repentina, com o narrador saindo de si. Em vez de dirigir sua súplica à garota que o abandonou, ele se volta para o ouvinte, implorando:

> See the lonely boy
> Out on the weekend
> Trying to make it pay [2]

É uma guinada surpreendente e efetiva.

O uso dos detalhes na canção também é notável. Em nenhum momento chegamos a descobrir quem é o amor perdido do narrador, ou por que ela foi embora, mas sabemos sobre os quadros na parede e a grande cama de metal. Esse é um truque lírico clássico, particularmente apreciado pelos compositores de música country — muitas vezes são as pequenas coisas que têm o poder de evocar uma época, um lugar, ou uma pessoa. Tudo bem que "Ela é tão incrível/ Ela está nos meus pensamentos" [She's so fine/ She's in my mind], mas o que torna convincente a situação do rapaz solitário são esses pequenos fragmentos da memória.

Apesar de sua tristeza e de sua melancolia, é provável que "Out on the Weekend" seja menos autobiográfica do que muitas canções de Neil Young. Quando *Harvest* foi gravado, sua relação com Carrie Snodgress estava no auge, e é difícil imaginar que ele se enxergava como um rapaz solitário tentando fazer bonito num sábado à noite. Da mesma forma, empacotar a vida de uma pessoa numa picape e encontrar uma cama de solteiro em Los Angeles pode ser um ideal romântico, mas Young na verdade havia acabado de comprar um imenso rancho no interior

---

[2] Veja o rapaz solitário/ Saindo no fim de semana/ Tentando fazer valer a pena.

da Califórnia. Quanto aos quadros e à grande cama de metal, como saber?

"Out on the Weekend" é um exemplo da sofisticação sonora presente em *Harvest*. É mais o resultado de engenho e técnica de composição do que um derramamento de emoção nua e crua, mas não é indulgente. Os tempos de Young como trovador folk e seu trabalho ambicioso com o Buffalo Springfield e com Crosby, Stills e Nash haviam lhe ensinado sobre as virtudes clássicas da composição musical. Ele estava confiante em sua escolha de melodias e harmonias e maduro o suficiente para mantê-las simples, sem fazer uso de quaisquer artifícios líricos desnecessários.

De toda forma, "Out on the Weekend" é uma canção leve, e poderia facilmente ter sido prejudicada por uma produção insensível. O que torna a versão da canção em *Harvest* especial é o desempenho de Young e dos Stray Gators. Se tivesse sido gravada com o Buffalo Springfield ou com o CSN, o virtuosismo musical ou os excessos no estúdio talvez a tivessem sufocado, mas Young projetou na singela canção um frescor e uma vulnerabilidade que atraem o ouvinte. Em seu lugar, outros teriam gravado os vocais várias vezes, sacrificando a expressividade pela perfeição. Young deu vida a tudo aquilo.

O imediatismo na maneira de Young gravar permite que as virtudes da música brilhem, mas isso não significa que ele não tenha se beneficiado do talento dos Stray Gators. Young desenvolvera seu método minimalista de gravação enquanto fazia seus discos anteriores, *Everybody Knows This Is Nowhere* e *After the Gold Rush*. Esses álbuns, porém, foram gravados com músicos de bar inexperientes, e seus contornos endurecidos são uma prova disso. "Out on the Weekend" talvez fosse frágil demais para sobreviver ao ataque violento de uma banda de garagem.

Dessa vez, no entanto, Young estava trabalhando com músicos acostumados a acertar todas as notas já no primeiro take e engenheiros que sabiam como extrair a melhor sonoridade de cada canção em questão de minutos. Os Stray Gators possuíam não só a disciplina musical que faltava ao Crazy Horse, mas também estavam dispostos a permanecer em segundo plano, coisa que Crosby, Stills e Nash jamais aceitariam. As sessões de *Harvest* contrastavam a estética de garagem de Young com o profissionalismo de Nashville, e em "Out on the Weekend" a combinação funcionou perfeitamente.

## "Harvest"

Os versos de Neil Young são com frequência objetivamente autobiográficos, mas em seu fundo de catálogo também podemos encontrar um bom número de letras obscuras. O primeiro álbum solo de Young sai nitidamente dos trilhos no devaneio alegórico de nove minutos de "Last Trip to Tulsa", e *After the Gold Rush* abre com "Tell Me Why", que é pomposa mas sem sentido, como Young admitiu mais tarde. O próprio *Harvest* é encerrado com a surreal e desajeitada "Words", e o álbum que o sucede, *Time Fades Away*, traz a bizarra "Yonder Stands the Sinner" além da faixa-título. Essas são canções de um tipo reconhecível; cheias de imagens fantásticas, supostamente alegóricas e quase sempre executadas com violência, elas aparecem com frequência nos primeiros álbuns de Young.

"Harvest" é igualmente difícil de entender, mas tem pouco em comum com esses épicos. Não há nada que sugira alegorias na letra da canção, que não fala de reis ou rainhas, árvores sendo derrubadas, embarcações imensas navegando em portos vazios ou contas a acertar consigo mesmo. Não há charadas, contradições internas ou mudanças dramáticas de tempo e lugar, mas ainda assim "Harvest" é inegavelmente obscura. A maior parte de seus versos é descritiva, simples, quase subestimada, mas eles juntos não passam nenhuma mensagem óbvia nem convergem numa história.

Na biografia de Neil Young, *Shakey*, o jornalista Jimmy McDonough diz que "Harvest" foi inspirada pelas histórias de Carrie Snodgress sobre sua excêntrica família, sobretudo as repetidas ameaças de sua mãe de cometer suicídio. Essa perspectiva certamente ajuda a extrair sentido de versos como "Did I see you down in a young girl's town/ With your mother in so much pain?" [Foi você que eu vi arrasada numa cidade de meninas/ Com a sua mãe sofrendo tanto?] e "Did she wake you up to tell you that it was only a change of plans?" [Ela acordou você para dizer que era apenas uma mudança de planos?], mas parece haver muito mais nessa letra. "Harvest" também pode ser vista como parte de um outro grupo identificável de canções da obra de Neil Young: confissões de um homem culpado tentando se justificar diante da mulher abandonada ou rejeitada. Talvez a melhor canção desse gênero, e uma das melhores de Young, seja "I Believe in You", de *After the Gold Rush*. "Now that you've made yourself love me" [Agora que você se fez me amar], ele entoa, "Do you think I can change it in a day?" [Você acha que posso mudar isso de um dia para outro?]. O mesmo tema é explorado em "Birds", do mesmo álbum, e em "Running Dry", de *Everybody Knows This Is Nowhere*, e parece estar no coração de "Harvest". Há uma menina transbordando de sentimentos pelo narrador, mas ele não pode corresponder. "Dream up, dream up" [Sonhe, sonhe], ele canta, "let me fill your cup/ With the promise of a man" [deixe-me encher sua taça/ Com a promessa de um homem]. A menina tem muito a oferecer, mas ele não pode pegar senão um pequeno pedaço.

O que quer que signifique para seu criador, "Harvest" causa um impacto lírico muito mais forte que o de canções em que Young voa alto em seus delírios extravagantes. A linguagem contida e as imagens do cotidiano oferecem ao ouvinte um ponto de conexão muito mais nítido do que as grandiosas meditações sobre tempo ou espaço de outras canções.

O estilo discreto da letra é contrabalançado pelo apelo melancólico e objetivo da música. A habilidade de composição de Young, visível em "Out on the Weekend", aqui também é bastante evidente. Sem fazer qualquer distinção real entre verso e refrão, "Harvest" pode ser simples, mas é imensamente eficiente. De várias formas, é a faixa do disco que mais se aproxima de uma canção country de verdade, com seu piano honky-tonk e seu clima triste, apesar do tom maior.

Mais uma vez, a gravação se reduz ao essencial, tornando a canção ainda mais poderosa. Todas as faixas de *Harvest* foram gravadas ao vivo, e na maioria dos casos foi necessário bastante trabalho na fase de mixagem para recapturar o clima das sessões. Isso não se aplica, no entanto, à faixa-título: o que aparece no álbum é a mix ao vivo gravada em dois canais, exatamente como foi ouvida no Quadrafonic Studios naquele dia. A canção é conduzida principalmente pelo piano. Neil Young não chega a ser um Alfred Brendel, mas quando uma parte em piano é central em uma de suas canções, é geralmente ele quem toca. Nessa canção, porém, é a vez do pianista John Harris, de Nashville, brilhar. Enquanto isso, por insistência de Young, Kenny Buttrey deixou suas levadas ainda mais minimalistas do que em "Out on the Weekend". Em "Harvest" ele toca com apenas uma das mãos, usando somente bumbo e caixa.

## "A Man Needs a Maid"

Hoje, ao ouvir *Harvest*, é difícil acreditar que "A Man Needs a Maid" tenha causado tanta polêmica em seu lançamento. Parece que alguns a interpretaram seriamente como uma declaração de chauvinismo machista, uma defesa da ideia de que todo homem deveria realmente ter uma empregada. Ou os paladinos do sexismo não ouviram a letra com atenção, ou então suas oponentes feministas eram exageradamente sensíveis, porque o tema de "A Man Needs a Maid" não é o poder do homem, e sim a fraqueza do sexo masculino. Ela é menos uma expressão de triunfo sobre a fêmea da espécie do que a manifestação de um sentimento de confusão e inadequação.

"A Man Needs a Maid" é talvez uma das canções confessionais mais diretas do álbum. Seu primeiro verso, estranhamente omitido no encarte, exprime um desânimo geral frente às várias mudanças que estão acontecendo na vida do narrador. Ele não sabe mais em quem confiar, é perseguido por "uma sombra atravessando seus dias" [a shadow running through my days]. Essa poderia ser a expressão de uma angústia geral, mas também uma referência aos conflitos dentro do CSNY e à heroína que levaria Danny Whitten.

Outro verso oferece um detalhe poético autobiográfico. "I was watching a movie with a friend" [Eu estava vendo um filme com um amigo], Young conta, "I fell in love with the actress/ She was playing a part that I could understand" [Me apaixonei pela atriz/ Ela interpretava um papel que eu conseguia entender]. O relacionamento de Young com Carrie Snodgress começou depois que ele a viu em um filme chamado *Quando nem um amante resolve* e ficou tão impressionado com sua atuação que lhe enviou um bilhete perguntando se poderiam se conhecer.

Assim como "Out on the Weekend", a canção ganha força emocional a partir de uma guinada brusca no foco da narração. Dos versos ponderados em linguagem descritiva, Young passa a se endereçar ao ouvinte, perguntando repetidamente: "When will I see you again?" [Quando verei você de novo?] Como o protagonista de "Out on the Weekend" ao fazer seus planos precários de se mudar para Los Angeles, ele tenta se convencer de que existe uma solução fácil para seus problemas, de que uma empregada será capaz de proporcionar companhia feminina sem envolvimento emocional. Mais uma vez, porém, o que se revela no fim é que só o envolvimento emocional pode trazer a solução para os problemas e afastar aquela sombra. "To live a love" [Para viver um amor], ele admite, "You've got to be a 'part of'" [Você tem que ser "uma parte"].

Não está claro o que levou Neil Young a gravar "A Man Needs a Maid" com uma orquestra. Ao vivo, ele costumava apresentá-la sozinho ao piano, às vezes emendando em "Heart of Gold". No *Old Grey Whistle Test*, programa de televisão da BBC gravado uma semana antes das sessões orquestrais de *Harvest*, Young fez uma bela versão solo da música, embora àquela altura já tivesse decidido que "Heart of Gold" soava melhor quando tocada no violão.

Aqueles que criticam a versão gravada dizem que a canção é delicada demais para comportar a Orquestra Sinfônica de Londres em sua força total. O arranjo pesado de Jack Nitzsche foi muitas vezes acusado de transformar uma balada frágil num monumento à pretensão, e mesmo quem gosta da música provavelmente se pergunta se ela não estaria um pouco fora de lugar entre duas faixas de estilo country-pop como "Harvest" e "Heart of Gold". "Alguns acharam o arranjo exagerado", admitiu Young no encarte de *Decade*, "mas Bob Dylan me disse que era uma de suas favoritas. Eu pensava mais como Bob."

Seria justo dizer que o trabalho de Nitzsche em "A Man Needs a Maid" não é tão simpático quanto os arranjos que havia feito anteriormente para "Expecting to Fly" ou "The Old Laughing Lady". Nessa canção, seu tratamento injeta grandiosidade numa canção simples, mas não sem ganhos de qualidade. O único lugar onde compositores clássicos ainda conseguiam ganhar dinheiro na década de 1960 era Hollywood, e Nitzsche havia se tornado um compositor e arranjador de cinema bem-sucedido. Em "A Man Needs a Maid" ele utiliza a orquestra para sublinhar a dinâmica da apresentação de Young da mesma maneira como a trilha sonora de um filme é usada para enfatizar as reviravoltas de um grande melodrama. Enquanto Young martela o piano e se lança em seu lamento apaixonado "A ma-ai-ai-aid", um solo de flautim introduz um chamado antes que um turbilhão de cordas comece a soar, ascendentes. Não é um artifício sutil ou delicado, mas, num mundo em que violinos geralmente são usados apenas para dar um colorido a arranjos de rock tradicionais, isso se destaca como uma tentativa genuína de transformar uma canção pop numa peça orquestral.

**"Heart of Gold"**

Único grande sucesso de Neil Young, "Heart of Gold" chegou ao primeiro lugar das paradas na Grã-Bretanha e nos Estados Unidos e continua sendo sua canção mais famosa. Mesmo hoje, quando ouvimos uma música sua no rádio, a chance de que seja "Heart of Gold" é de nove em dez. Seu potencial de sucesso ficou óbvio para Elliot Mazer e Kenny Buttrey assim que ouviram a gravação final em estúdio; a canção, de fato, teve um impacto enorme nas vendas de *Harvest*.

"Heart of Gold" é uma das poucas canções de Neil Young cuja sonoridade poderia nos remeter a outro compositor. Ao ouvi-la, Bob Dylan acusou Young de tentar conscientemente imitá-lo, mas, à exceção de uma gaita desajeitada, há nela muito pouco de dylanesco. Não é que ela pareça pertencer a um outro artista em particular; ela simplesmente tem as qualidades de uma grande canção pop. Assim como os clássicos dos compositores do Brill Building e da Tin Pan Alley, ela não dá a sensação de ter sido escrita para dar um recado, ou desnudar os sentimentos de seu autor. Trata-se apenas de uma boa canção escrita pelo prazer de se escrever uma boa canção.

Apesar de sua universalidade, "Heart of Gold" é um acontecimento modesto: uma melodia fácil e direta sobre um fundo esparso de quatro acordes, com uma letra que mal chega a dez linhas. Young é inteligente o suficiente para não cair num clichê do rock, mas, ao mesmo tempo, há nessa canção pouco da objetividade que caracteriza seus trabalhos mais poderosos. O único traço autobiográfico de "Heart of Gold" é uma breve menção a Redwood, cidade da Califórnia onde fica o rancho de Young. Tirando isso, o tema é simplesmente a busca pelo amor, expressa em termos genéricos. O fato de Young reclamar que foi essa canção que o lançou no meio da estrada é duro demais, mas a maior parte de seus fãs concordaria que sua viagem rumo à sarjeta foi, no fim das contas, recompensadora.

Se "Heart of Gold" pende para o descartável, a sessão de gravação foi pelo mesmo caminho. Segundo Elliot Mazer, a faixa foi inteiramente gravada em menos de duas horas, incluindo as harmonias vocais de James Taylor e Linda Ronstadt. O resultado demonstra como o método de gravação ao vivo de Young pode ser eficiente. Os Stray Gators oferecem a interpretação perfeita: não há nenhuma nota desnecessária, e pequenos detalhes como a pedal steel descendente de Ben Keith se apressando para acompanhar o verso "And I'm getting old" [E estou ficando velho] são lindamente apropriados. Ouça com atenção e você irá perceber que há, na verdade, dois violões na gravação: Neil Young espanca o instrumento no canal direito, enquanto o compositor Teddy Irwin, de Nashville, que não é creditado no álbum, aparece no canal esquerdo acrescentando belas harmonias e detalhes. Além disso, Kenny Buttrey incorporou o minimalismo de Young bem o suficiente para tocar o contratempo com nitidez. Young e Elliot Mazer devem ter gostado, porque na mixagem ele aparece mais alto que o restante da percussão.

#### "Are You Ready for the Country?"

"Heart of Gold" e as duas primeiras faixas de *Harvest* combinam a espontaneidade de Young com a eficiência de Nashville, com resultados impressionantes. Ao final do lado A, entretanto, podemos ter um vislumbre da crueza que Young mostraria em seus álbuns seguintes. Um caótico falso começo, com direito a risadinhas insanas, abre caminho para um jazz pesado, vacilante, conduzido ao piano. Mal dá para ouvir a elegante pedal steel de Ben Keith; em seu lugar, Jack Nitzsche, que não é guitarrista, toca slide numa guitarra elétrica vagabunda que Young havia lhe comprado num capricho. A desconfortável dissonância que daí resulta confere uma perturbadora rispidez à performance.

Os Stray Gators estão presentes e afiados, mas fora dos limites familiares do Quadraphonic Studios. Estão num celeiro e soam conforme, mas não há como duvidar da força com que rasgam a canção ao lado de Young. Por ora, tudo é muito promissor, mas a questão que vem à mente é se realmente vale a pena rasgar uma canção como "Are You Ready for the Country?". Sua melodia é tão simples quanto a de "Harvest" ou "Out on the Weekend", mas não é tão boa. A letra é igualmente esquecível, parece não dizer coisa com coisa, exceto que "o campo" é um lugar sinistro e perigoso. Por alguma razão inexplicável, assim como Young, nós ouvintes sentimos que precisamos ir até lá; mas essa é uma experiência para a qual precisamos estar preparados.

Não fica claro o que é "o campo", mas Neil Young certamente não está falando da Bélgica.[3] Embora o sul dos Estados Unidos não seja explicitamente mencionado, "Are You Ready for the Country?" parece seguir a linha de "Alabama", no lado B do disco, e de sua precursora, "Southern Man", de *After the Gold Rush*. Mas são canções claramente políticas, ainda que desajeitadas: "Are You Ready for the Country?" não tem nada a dizer sobre a luta pelos direitos civis. Sua percepção do Sul é menos a do ódio racial e do preconceito, e mais a de um terror vago, indefinido, gótico. O tema poderia ser interessante, mas não com esse tratamento canhestro. "Eu estava falando com o pastor", explica Young, "ele disse que Deus estava do meu lado/ Depois encontrei o carrasco/ Ele me disse 'É hora de morrer'" [I was talking to the preacher/ said God was on my side/ Then I ran into the hangman/ He said 'It's time to die]. Se o reverendo e o carrasco devem ser vistos como figuras alegóricas, são os exemplos mais gastos que Young poderia ter escolhido.

A pergunta no título da canção pode apontar também para uma relação com o country como gênero musical, como sugeriu o jornalista Peter Doggett ao apropriar-se dela em seu livro sobre o fenômeno country rock. Dirigindo-se a seu público

---

[3] *Country* pode tanto significar "campo", "interior", quanto "país", além de designar o gênero musical. O autor explora a polissemia do termo em sua interpretação da canção. [N.T.]

de hippies, roqueiros e amantes do folk, Young parece estar dizendo: "Vou fazer música country. Têm certeza de que estão preparados para isso?"

Durante alguns anos após o lançamento de *Nashville Skyline*, de Bob Dylan, em 1969, que estabeleceu um marco, parecia que todo mundo, dos Stones a Sinatra, estava gravando com dobros e guitarras pedal steel. A música country, ou pelo menos o country rock, era o gênero da moda. Mas os mesmos hippies de vinte e poucos anos que compravam *Harvest* em massa estavam habituados a pensar no cenário musical country como a encarnação do diabo. Qualquer que fosse a sua causa — feminismo, direitos civis, pacifismo ou bom gosto para roupas —, a música country tinha algo de ofensivo. Durante um show no Carnegie Hall, ao informar o público de que participaria do *Johnny Cash Show*, o programa de Johnny Cash na tevê, Young foi provocado: "Por quê? Por que Cash?", uma voz gritou, acrescentando um "cara" ao final do questionamento, como convinha a um beatnik. Apesar dos esforços de Dylan, uma grande parte da juventude americana ainda tinha reticências ou era absolutamente hostil à música country. Talvez as letras desajeitadas de "Alabama" e "Are You Ready for the Country?" fossem uma tentativa de Young dizer a seu público que tudo bem, podiam continuar gostando dele. Embora fosse participar do *Johnny Cash Show* e estivesse gravando em Nashville, ele parecia estar dizendo que não havia abandonado os bons valores liberais.

De qualquer maneira, com a potência de "Are You Ready for the Country?" Neil Young não corria o risco de se tornar um Faron Young.[4] O arranjo periclitante da canção está mais

---

[4] Faron Young (1932-1996) foi um famoso cantor e compositor de country americano dos anos 1950. Conhecido como Hillbilly Heartthrob [Galã Caipira], marcou o country com o estilo honky-tonk. [N.E.]

próximo do blues que do country, e poucas das marcas registradas do country estão presentes aqui ou em qualquer outra faixa de *Harvest*.

### "Old Man"

Ao gravar várias das melhores canções de *Harvest* para a BBC, Young resolveu falar à plateia sobre "Old Man". O rancho que ele havia acabado de comprar era administrado por um velho capataz chamado Louie Avilla, e a canção era sobre ele, ou, mais precisamente, dirigida a ele. "Velho, olhe para a minha vida", Young implora, "sou muito parecido com você" [Old Man, take a look at my life/ I'm a lot like you]. Estaria tentando justificar a decisão que ele e Carrie tomaram de largar tudo e se mudar para o meio do nada? Afinal de contas, há "tantas outras coisas" [so much more] para descobrir; talvez lá estivessem as "coisas que não se perdem" [things that don't get lost], as pessoas a quem ele sempre poderá voltar e aquela que irá amá-lo "o dia todo" [the whole day through].

Entretanto, é difícil deixar de ver certos versos de "Old Man" apontados para outra direção. Num dos melhores dísticos que Neil Young já compôs, ele insiste: "Doesn't mean that much to me/ To mean that much to you" [Não me importa tanto/ Não importar tanto pra você]. Talvez, para Young, a parte boa de viver no campo, num rancho, era que ele não precisava mais manter as aparências. Considerando sua carreira, porém, parece mais uma afirmação de sua atitude em relação ao status de celebridade.

Ao experimentar o sucesso pela primeira vez como integrante do Buffalo Springfield, Young declarou ter achado a experiência desconfortável, e mais tarde culpou as pressões que vinham com a expectativa e a publicidade por suas repetidas saídas do grupo. "Meus nervos não aguentaram", disse a Cameron Crowe. Young se mudou de Los Angeles para Topanga Canyon a fim de "se isolar um pouco e relaxar", mas acabou desistindo porque "não conseguia lidar com todas as pessoas que não paravam de aparecer o tempo todo". E isso foi antes de *After the Gold Rush* e o CSNY o transformarem em um verdadeiro astro. Acima de tudo, ele temia que as multidões acabassem disparando seus ocasionais ataques de epilepsia.

O sucesso comercial de Neil Young também tinha vindo à custa de certa hostilidade da crítica. Embora a recepção a *After the Gold Rush* em geral tenha sido positiva, o disco recebeu uma resenha dura da *Rolling Stone*, e *Déjà Vu*, best-seller do CSNY, foi recebido com decepção. O problema na coluna havia forçado Young a um período de longa inatividade. "Passei dois anos nocauteado", ele disse a Crowe. "Tive bastante tempo para pensar no que havia acontecido comigo." No rancho, as palavras de Young não seriam escrutinadas uma a uma por seu significado político. Lá ele não seria acusado de se vender nem importunado por aproveitadores ou por perguntas sobre um novo álbum do CSNY. E "Old Man" poderia servir como uma nota de advertência a qualquer crítico que decidisse depreciar *Harvest*.

Em termos puramente musicais, "Old Man" talvez represente o nível máximo de Neil Young como compositor. Poucas de suas canções ostentam partes de violão tão fascinantes, com dedilhados em tom menor que bebem mais da fonte do folk que do country ou do pop. Assim como em "Out on the Weekend" e "Harvest", ele utiliza acordes quebrados e dispersos numa sequência ao mesmo tempo mais complexa e mais sutil que a da maioria de suas canções. A melodia é memorável, melancólica nos versos e apaixonada no refrão. O impecável bom gosto dos Stray Gators é acentuado pelo piano de Andy McMahon e belamente permeado pelo pungente banjo de seis cordas de James Taylor. Assim como "Heart of Gold", a canção segue um andamento perfeito entre a espontaneidade e o brilhantismo. Como era de esperar, "Old Man" foi escolhida como segundo single de *Harvest*, e no entanto não conseguiu alcançar o sucesso do primeiro.

### "There's a World"

"There's a World" é o segundo de dois números orquestrais em *Harvest*. Críticos de "A Man Needs a Maid" afirmam que ela não combina com seu arranjo orquestral, mas a maior parte deles concorda que a canção se sustenta sozinha. No caso de "There's a World", porém, é tentador dizer que a orquestra é o único elemento de mérito na gravação. Mais uma vez, Jack Nitzsche utiliza com habilidade seus talentos de compositor de trilhas para cinema, incorporando detalhes ousados como o ponto pedal que os instrumentos de corda são obrigados a sustentar ao longo do último verso. Em resenha sobre *Harvest* publicada na revista *Sounds*, Billy Walker descreveu os resultados como algo que parecia "um pouco com o tema de *Ben-Hur*".

Nem todos os tímpanos retumbantes e cordas afiadas, entretanto, conseguem disfarçar o fato de que "There's a World" é uma das piores canções que Neil Young já escreveu. Qualquer artista em atividade há mais de trinta anos está sujeito a lapsos, e Young não é exceção. Contudo, costuma haver uma ideia interessante por trás de suas tentativas, mesmo as mais constrangedoras. Se as canções não funcionam é porque a ideia foi desenvolvida de forma grosseira, ou porque se construiu demais em cima de uma ideia frágil, e às vezes porque todo o conceito era uma loucura desde o início. Em "Will to Love", de *American Stars & Bars*, por exemplo, um épico de sete minutos bizarramente terrível, Young desenvolve a extravagante imagem de si mesmo como um salmão saltitante. Com apenas três minutos, "There's a World" talvez seja mais audível que "Will to Love", mas seus defeitos são menos desculpáveis. Para ser franco, a canção é enfadonha. Se existe alguma ideia por trás de "There's a World", ela parece ser pouco mais que uma reelaboração tosca do discurso de que "o mundo é um palco" de *As You Like It*, de Shakespeare. A melodia é insípida, a letra é trivial e cheia de clichês. Os melhores trabalhos de Young são quase incômodos em sua honestidade emocional, mas nessa canção não encontramos nada de seu talento.

### "Alabama"

O rock é o pior veículo que existe para se fazer críticas políticas. É basicamente insana a ideia de que seria possível dizer qualquer coisa sobre a luta de classes ou a situação do Oriente Médio em três versos e um refrão, ao mesmo tempo rimando e encaixando tudo numa melodia agradável. Para piorar as coisas, a maioria dos astros do rock são comentaristas políticos ineptos. Não que isso os impeça de tentar.

O interesse de Neil Young por política pode ser descrito como esporádico. *Harvest* assinala o fim de seu primeiro e menos interessante período de envolvimento político, durante o qual ele criou canções em torno dos temas-padrão do movimento alternativo. "Ohio", sucesso do CSNY, era uma resposta horrorizada ao fuzilamento de quatro estudantes que faziam um protesto na Kent State University; "War Song", dueto de Young com Graham Nash, fala sobre o fuzilamento do então governador do Alabama, George Wallace. A faixa-título de *After the Gold Rush* assinala a adesão de Young ao movimento verde, enquanto "Alabama" é uma sequência a "Southern Man", tratando de direitos civis e do visível atraso do sul dos Estados Unidos. Por coincidência, tanto "Ohio" quanto "Alabama" foram batizadas com nome de lugares, uma pequena tradição dentro da obra de Neil Young, em que se encontram ainda canções como "LA", "Hawaii", "Kansas", "Florida", "Albuquerque" e "Philadelphia".

Com o decorrer dos anos 1970, Young se absteve de fazer comentários políticos. Na virada da década, ele renasceu aparentemente como artista de direita, ao expressar apoio ao protecionismo, admiração pela política externa linha-dura de Ronald Reagan e desânimo em relação às dificuldades enfrentadas pelos pequenos agricultores. Sua afeição pela música country parecia se casar com um perfil político caseiro, centrado nos valores familiares, não muito diferente do ponto de vista dos caipiras dos quais zombava em faixas como "Alabama".

Próximo ao final da década de 1980, a perspectiva de Young pareceu dar uma nova guinada. Ele reconquistou a crítica com *Freedom*, de 1989, e canções cáusticas no estilo "onde o mundo foi parar?", como "Rockin' in the Free World" e "Crime in the City", antes de expressar publicamente sua oposição à Guerra do Golfo em 1991. *Harvest Moon*, lançado em 1992, apresenta a antiguerra "War of Man" e a crítica ecológica "Natural Beauty". Desde então, Young mantém silêncio sobre assuntos políticos.

As canções mais esquerdistas de Young com frequência encontraram melhor acolhida entre os críticos do que suas odes ao conservadorismo, mas "Alabama" teve uma jornada difícil ao longo dos anos. Já foi tachada de tola, sem graça e simplista, mas a crítica mais persistente que se faz a ela é de que se trata de "uma cópia descarada de 'Southern Man'", como disse Jim Miller, da *Rolling Stone*. Como muitos críticos de rock poderão dizer, "Alabama" é redundante porque Young já havia abordado seu tema numa canção anterior.

A letra de "Alabama" é de fato semelhante à de "Southern Man", mas isso dificilmente seria um motivo para descartá-la. Onde está escrito que os compositores não podem abordar o mesmo tema mais de uma vez? Burt Bacharach e Hal David nunca foram atacados por escrever um monte de canções sobre corações partidos, e Chubby Checker usou e abusou do twist. Por que Neil Young deveria ser castigado por tratar o mesmo tema em duas músicas diferentes?

A alegação de que a letra de "Alabama" é inerentemente censurável tem mais fundamento. Há algo de paternal na maneira como Young se dirige a todo um estado americano, como se este fosse uma criança teimosa. Quando ele canta "You got the rest of the Union to help you along/ What's going wrong?" [Você tem o resto do país para lhe ajudar/ O que está dando errado?], somos praticamente levados a esperar que ele acrescente "você está me decepcionando, está decepcionando a escola e, acima de tudo, está decepcionando a si mesmo". A imagem dos estados do Sul apresentada aqui depende tanto da caricatura e dos boatos quanto da observação atenta. Em suma, "Alabama" sofre das mesmas deficiências que atingem tantas canções de rock políticas. Nesse aspecto, não é pior do que a maioria delas, e é muito melhor do que algumas. No fundo de catálogo de Young há certamente várias canções políticas mais toscas, de "War Song" a "Mideast Vacation".

Curiosamente, na entrevista que acompanha a edição de *Harvest* em DVD-Audio, Neil Young insinua que a força por trás de "Alabama" pode não ter sido política, mas pessoal. "Eu só dei a ela o nome de um estado do Sul porque isso se encaixava no que eu estava tentando dizer. Na verdade a canção é mais sobre algo pessoal do que sobre um estado, e eu apenas uso esse nome e esse estado para esconder o que eu quero esconder." Pouco depois, todavia, Young admite: "Eu não sei o que isso quer dizer"; e é difícil entender como ele poderia ter escrito "Alabama" sem intenções políticas em mente. É possível que ele tenha enxergado na situação do Alabama algum tipo de metáfora para seu estado mental, mas a ideia da psique de Young ser povoada por banjos e velhos conhecidos amarrados com cordas brancas soa no mínimo forçada. O mais provável é que, no momento da entrevista, ele já estivesse antecipando possíveis críticas a "Alabama" e tentando minimizar seus efeitos. Assistindo à entrevista, também é possível cogitar que ele simplesmente estivesse chapado, dizendo a primeira coisa que lhe vinha à cabeça.

O que quer que o tenha impelido a escrever "Alabama", evidenciar suas deficiências equivale a ignorar suas muitas qualidades. A letra pode não trazer a crítica política mais profunda do mundo, mas apresenta algumas imagens poderosas: Cadillacs numa vala, banjos tocando através do vidro partido etc. A música é ainda melhor. Em todos os outros momentos de *Harvest*, os Stray Gators provam que podem ser sutis, reflexivos, contidos, elegantes. Em "Alabama" eles revelam sua força.

Como guitarrista, Neil Young é conhecido por tocar uma Gibson Les Paul de 1953 apelidada de Old Black, mas como qualquer outro astro do rock que se preze, ele tem uma coleção de cinquenta ou mais instrumentos. Muitos acabaram aparecendo em seus álbuns, sobretudo no início dos anos 1970, quando a Old Black andou sumida. Para as sessões de *Harvest* no celeiro, ele utilizou uma guitarra Gretsch White Falcon de corpo oco, adquirida numa troca com Stephen Stills no ano anterior.

A White Falcon foi, durante um tempo, a guitarra de produção mais cara do mundo, embora os instrumentos da Gretsch nunca tenham sido tão cobiçados quanto os da Gibson ou da Fender. O aspecto da White Falcon tendia para o kitsch, e ela confundia os guitarristas mais simplórios ao oferecer mais controles que um pequeno reator nuclear. O instrumento que Young usou em "Alabama" e em "Words", especialmente complicado, era uma das poucas guitarras concebidas para utilização em estéreo. Captadores separados permitiam ao guitarrista tirar som das cordas graves e agudas de maneira independente para dois amplificadores distintos — no caso de Young, um par de Fender Customs. O resultado é um som de guitarra que parece se espalhar por todo o campo do estéreo, com os graves no canal esquerdo e os agudos no canal direito.

Os captadores da White Falcon podem ter sido apenas um artifício quando surgiu o estéreo, mas a maneira como Neil Young se vale deles em "Alabama" é notável. Com técnicas de abafamento, ele produz notas cortantes primeiro em um alto-falante, depois no outro, como se estivéssemos ouvindo não apenas um, mas dois guitarristas tocando em total sintonia. A guitarra elétrica poucas vezes soou tão ameaçadora, e o ritmo poderoso e as notas pesadas e penetrantes de Young são seguidos com primor pela bateria seca de Kenny Buttrey. O desenvolvimento do refrão é lindamente construído, e quando Young e seus célebres backing vocals finalmente irrompem num coro, experimentamos uma sensação quase física de libertação.

### "The Needle and the Damage Done"

Entre num clube folk ou num alojamento estudantil e você será perdoado por pensar que todos os violões vendidos vinham com instruções de como tocar "The Needle and the Damage Done". Aquele padrão descendente de dedilhado continua se mostrando um desafio para músicos aspirantes, embora a canção tenha perdido impacto ao longo dos anos.

"The Needle and the Damage Done" foi a primeira declaração explícita de Young contra a heroína, inspirada pelo estado lamentável a que a droga havia levado Danny Whitten, do Crazy Horse. Quando Young encontrou o The Rockets — como o Crazy Horse era chamado então — pela primeira vez, Whitten era seu líder *de facto*, um bom cantor e guitarrista. Ele continuou tendo papel central mesmo como parte da banda de apoio de Young, cantando harmonias e contribuindo com inspirados floreios para os solos enlouquecidos de Young. Com Danny Whitten, o Crazy Horse acompanhou Young em apenas um álbum completo, o segundo de sua carreira solo. *Everybody Knows This Is Nowhere* contrastava em tudo com o requinte e a discrição do álbum de estreia: na rusticidade viva, sangrenta e jovial, Young finalmente havia encontrado aquela que considerava a forma perfeita de expressão.

A ideia para o terceiro álbum de Young era que aquele desempenho fosse repetido. Mas quando Young terminou de montar o estúdio no porão em Topanga Canyon para gravá-lo, Whitten tinha se tornado um viciado. As apresentações durante a turnê de 1970 eram cada vez mais caóticas, e Young concluiu que seria impossível continuar trabalhando com o Crazy Horse enquanto Whitten não largasse a heroína. *After the Gold Rush*, o disco de Young que acabaria por revelá-lo como artista solo, foi gravado, diante desse cenário, por uma mistura heterogênea de colaboradores com quem Young havia trabalhado em outros projetos.

Danny Whitten era um amigo próximo, e entendia a musicalidade de Young como poucos. Tirá-lo de cena foi um movimento doloroso para Young, e suas tentativas de reparar o dano acabaram terminando com a morte de Whitten por overdose de heroína, logo após ter sido dispensado dos ensaios de *Time Fades Away*.

A morte de Whitten e depois a overdose de Bruce Berry, roadie do CSNY, forneceram material para algumas das melhores músicas de Young. *Tonight's the Night*, talvez seu álbum mais aclamado, é um arrepiante adeus aos amigos perdidos. "The Needle and the Damage Done", no entanto, foi escrita em algum momento durante a turnê de 1970 com o Crazy Horse, quando o vício de Whitten já estava aparente, mas ainda não tinha resultado em tragédia. Ela deixa muito evidente o desapreço de Young pela heroína, mas não tem a mesma intensidade emocional de *Tonight's the Night*.

Assim como em "Alabama", há um estranho sopro de condescendência na letra. Em *Tonight's the Night*, Neil Young se tornaria um compositor devastado pela dor e pela culpa, buscando desesperadamente uma catarse e um fim para seu sofrimento. Aqui ele faz o papel do professor sábio ou do juiz pensativo que distribuiu verdades duras num estilo doloroso do tipo "dói mais em mim do que em você". Young parece dizer que o vício em heroína transforma a pessoa em um pé no saco, no tipo de gente que está sempre batendo na porta de alguém pedindo mais. Por isso, Young tem o triste dever de dizer "basta", porque ele "ama o homem" [because I love the man], ou pelo menos de escrever uma canção sobre como a heroína é ruim.

É claro que a heroína transforma pessoas boas em pés no saco, e Young estava à frente de seus pares ao perceber o lado negro da cultura das drogas já no início dos anos 1970. Podemos apenas imaginar a frustração, a raiva e a tristeza de Young diante do vício de Whitten, mas "The Needle and the Damage Done" apenas insinua uma manifestação desses sentimentos.

A análise que o próprio Young fez de *Harvest* — "Foi provavelmente o melhor álbum que já fiz, mas acho esse adjetivo restritivo demais" — é confirmada mais claramente por "The Needle and the Damage Done". Essa canção, mais que qualquer outra, mostra como sua arte é limitada pela elegância. As partes de violão são intricadas e boas de tocar, mas exigem controle do músico em vez de entrega. A letra é refinada, com contradições inteligentes como "I caught you knocking at my cellar door" [Peguei você batendo na porta do meu celeiro] e "Milk-blood to keep from running out"[5] [Tirar um pouco de sangue para não ficar sem]. A execução ao vivo é um exemplo de contenção, com Young estranhamente cantando no tom exato, com ritmo e técnica impecáveis — ainda que, em seus melhores momentos, Neil Young seja genial justamente por ignorar sutilezas musicais e cravar o sentimento no centro das canções.

"The Needle and the Damage Done" é agradável, mas uma canção sobre a devastação trazida pela heroína não deveria ser agradável. Deveria ser como "Tonight's the Night": raivosa, amarga, ferida, confusa, retorcida, horrorizada e catártica. A destruição trazida pela heroína inspiraria algumas das canções mais sensíveis de Young. Aqui, no entanto, a cabeça prevalece sobre o coração.

---

[5] O verso faz referência a uma prática comum entre viciados em heroína, na qual extraem o sangue alterado pela droga para poderem reinjetá-lo posteriormente.

## "Words (Between the Lines of Age)"

Os educados aplausos de estudantes da Califórnia são grosseiramente interrompidos pela última faixa de *Harvest*. Guitarras distorcidas e tambores insinuam a presença da mesma força por trás de "Alabama", mas a canção não chega a ganhar ritmo suficiente para se transformar em rock. Em vez disso, se acomoda numa explosão desesperada e profundamente maçante, com Young alternadamente declamando uma letra incompreensível e cuspindo fragmentos penetrantes de solos de guitarra. Não há nada da raiva que move "Alabama" ou "Southern Man". O sentimento de alegria e liberdade que caracterizava o rock de *Everybody Knows This Is Nowhere* também desapareceu. "Words (Between the Lines of Age)" é ao mesmo tempo desconcertante e desconcertada, uma reação tortuosa aos caminhos confusos do mundo.

Os anos 1970 marcaram o auge dos compassos inusitados. Do Jethro Tull ao Pink Floyd, nenhuma banda de rock progressivo que se prezasse perderia a chance de frasear em 7/8 ou 5/4 de vez em quando. Mas Neil Young não é nenhum Robert Fripp, e "Words", até onde sei, é única em seus experimentos com métrica musical. O riff de abertura e as partes instrumentais alternam compassos de 6/8 e 5/8, enquanto os versos e o refrão seguem o convencional 4/4. O resultado apenas acentua o sentimento de alienação da canção; isso, somado à recusa de Young em ceder a solos melódicos mais prolongados, confere a "Words" uma tensão perturbadora e cortante, não permitindo em nenhum momento que a canção se torne uma experiência agradável.

A letra está entre as mais obscuras de Young. Carregada de personagens e gestos simbólicos, ela sugere um quebra-cabeça ou uma charada, mas não oferece nenhuma chave. Quem são "alguém e alguém" [someone and someone]? Por que eles iriam querer plantar algas em seu gramado? Por que o rei deveria começar a rir e falar através de rimas?[6] A sensação de confusão é reforçada pela maneira como a letra salta, à primeira vista por coincidência, entre presente e passado. Não é possível saber se Young algum dia quis que "Words" fosse inteiramente compreendida, mesmo que ela ainda pareça significar muito para ele. Alguns exercícios com jogos de palavras enigmáticos, como "Harvest" e "Tell Me Why", desapareceram há anos dos setlists de Young, mas ele continua a tocar "Words" trinta anos depois.

"Words (Between the Lines of Age)" talvez seja mais bem compreendida como uma canção sobre os perigos do estrelato, tema que parece ter ocupado os pensamentos de Young no início de sua carreira. A canção soa como uma tentativa de transmitir a confusão de tentar viver uma vida normal quando se tem o rosto conhecido por milhões de pessoas. De repente todo mundo acha que o conhece, e quando ele está na estrada, lhe trazem presentes e o cumprimentam. Parecem amigáveis, mas ao mesmo tempo estão invadindo seu espaço. O superastro Neil Young é patrimônio público, e sua mente pertence a seus ouvintes, mas nessa canção ele se imagina revertendo a situação, como um vendedor de ferro-velho que sonha em capturar os pensamentos de outras pessoas. Young pode ser o rei e seu rancho um castelo, mas que tipo de vida é essa que é vivida "um pouco de cada vez" [a bit at a time]?

---

[6] Referências a partes da letra da canção: "Someone and someone were down by the pond/ Looking for something to plant in the lawn" [Fulano e sicrano estavam no lago/ Procurando por algo para plantar no gramado]; Living in castles a bit at a time/ The King started laughing and talking in rhyme [Vivendo em castelos um pouco de cada vez/ O rei começou a rir e a falar através de rimas] [N.E.]

# A equipe

Quando começou a reunir o material de *Harvest* em 1971, Neil Young já era um dos maiores artistas do catálogo da Warner Bros. Sua posição de astro pode ser comprovada pela lista de nomes famosos que se envolveram na gravação do álbum. Em *Harvest*, Young não apenas pôde contar com estrelas como James Taylor e Linda Ronstadt contribuindo nos backing vocals, como teve à sua disposição alguns dos melhores músicos de Nashville, para não falar de uma das orquestras mais prestigiadas de Londres, além de engenheiros e produtores que estavam no ápice de suas carreiras.

ELLIOT MAZER era uma figura um tanto incomum no cenário musical de Nashville. Havia entrado no ramo da música no início dos anos 1960 como executivo de A&R [Artistas e Repertório] e produtor da gravadora Prestige Records, em Nova York, e em pouco tempo construiu uma lista impressionante de produções de pop e jazz. De maneira inusitada, também teve a oportunidade de ver como funcionavam os estúdios no Tennessee:

> Fui a Nashville em 1963 para trabalhar num álbum com o Trio Los Panchos, um grupo mexicano famoso. Ajudei-os a gravar um álbum com músicas de Hank Williams em espanhol e fiz

com que gravassem uma versão em espanhol para "Girl", dos Beatles: "Muchacha". O trio cantava e tocava violão, e o time "A" de Nashville, formado por Grady Martin, Harold Bradley, Buddy Harmon, Hargus "Pig" Robbins e os Jordanaires, se responsabilizou pelos "Ahhgirrrlaahhs". Foi um grande single e provavelmente meu 45 rotações que mais vendeu. O estúdio era o Quanset Hut original que Owen Bradley tinha construído e utilizado em vários grandes álbuns.

Antes de trabalhar com Neil Young em *Harvest*, Mazer produzira vários álbuns importantes. Um deles foi *Cheap Thrills*, do Big Brother & The Holding Company, o disco que apresentou Janis Joplin ao mundo. Um outro foi *Silk Purse*, de Linda Ronstadt, mas talvez os mais importantes em termos de relações com *Harvest* tenham sido os dois álbuns do Area Code 615, um "supergrupo" de músicos de estúdio que incluía Kenny Buttrey, baterista dos Stray Gators, e cujo nome era uma homenagem criativa ao código de área telefônico de Nashville. As experimentações do grupo com country e R&B haviam sido gravadas por Mazer no Cinderella Sound, estúdio construído na garagem do baixista Wayne Moss. A influência desses dois álbuns foi muito maior do que as suas vendas, que foram limitadas pela impossibilidade da banda de sair em turnê devido a compromissos de estúdio.

Mazer produziu o disco que deu sequência a *Harvest*, o malfadado *Time Fades Away*, e continuou trabalhando com Young em muitas outras ocasiões, geralmente quando a veia country de Neil estava em evidência. Entre as produções de Elliot Mazer para Neil Young estão o inédito *Homegrown*, álbum que Young engavetou para lançar *Tonight's the Night*, e o álbum country que a Geffen recusou em 1983. Mais recentemente, ele foi responsável pela remixagem de *Harvest* em som surround 5.1 para a edição do álbum em alta resolução em DVD-Audio.

GLYN JOHNS é um dos mais célebres produtores e engenheiros de som britânicos, e já era altamente requisitado na época em que gravou com a Orquestra Sinfônica de Londres para *Harvest*. Em 1971 ele havia produzido *Who's Next*, do The Who, e *A Nod's As Good As a Wink*, do The Faces, e trabalhado como engenheiro de som em *Sticky Fingers*, dos Rolling Stones. Em seguida ele produziria *Exile on Main Street*, também dos Stones, e os dois primeiros álbuns do Eagles, *On the Border* e *Desperado*.

BERNARD "JACK" NITZSCHE talvez tenha o mais longo e complexo relacionamento com Neil Young dentre os seus colaboradores. Quando conheceu Young, já estava na indústria musical de Hollywood há mais de uma década, tendo começado como copista antes de se tornar compositor e arranjador. Colaborou com Sonny Bono e Lee Hazlewood e foi o arranjador favorito de Phil Spector por muitos anos, tendo criado arranjos orquestrais típicos para produções ambiciosas como "Be My Baby", de The Ronettes. Mais tarde, trabalhou com os Rolling Stones e escreveu ou coescreveu várias canções de sucesso, entre elas "Needles and Pins", sucesso do The Searchers de 1964. Na década de 1970, ele se tornaria um bem-sucedido compositor de trilhas sonoras para cinema, e entre seus trabalhos estão as trilhas de *O exorcista* e *Um estranho no ninho*.

Neil Young e Jack Nitzsche trabalharam juntos pela primeira vez em 1967, durante as gravações do segundo disco do Buffalo Springfield. Young tinha escrito uma ambiciosa canção épica em várias partes chamada "Expecting to Fly" e chamou

Nitzsche para fazer um arranjo orquestral. Os dois ficaram amigos, e com o fim do Buffalo Springfield e um contrato para um álbum solo, Young convocou Nitzsche rapidamente. A influência de Nitzsche é evidente no resultado final do disco: o lado B abre com uma composição instrumental sua na qual Young sequer aparece, e os originais de Young recebem um tratamento complexo, com arranjos em várias camadas. "Eu e Jack levamos um mês para finalizar 'The Old Laughing Lady'", Young declarou mais tarde.

Embora tenha rapidamente abandonado as técnicas de produção sofisticadas usadas em seu álbum de estreia, Young continuou a trabalhar com Jack Nitzsche. O relacionamento entre eles nem sempre era agradável — os dois eram intensos e obstinados, e Nitzsche era conhecido por beber muito e pelo temperamento forte. Está claro, no entanto, que Young valorizava Nitzsche como uma poderosa força criativa, e o envolvia em seus projetos mesmo quando não tinha nenhuma intenção de usar arranjos de orquestra sofisticados. Além de arranjar e produzir os dois números de orquestra em *Harvest*, Nitzsche também esteve presente nas sessões no celeiro de Young — embora não fosse guitarrista, Young o persuadiu a tocar slide em "Are You Ready for the Country?". Após o lançamento de *Harvest*, Young e os Stray Gators partiram para a malfadada turnê de *Time Fades Away* com Nitzsche ao piano. Young e Nitzsche continuaram a fazer colaborações eventuais, e *Harvest Moon* incluiu uma balada orquestral bem ao estilo de "A Man Needs a Maid". A parceria chegou ao fim com a morte de Nitzsche, em 2000.

HENRY LEWY é um outro grande nome do mundo da engenharia de gravação. Nascido na Alemanha, chegou aos Estados Unidos em 1940 refugiado do regime nazista e trabalhou como locutor de rádio antes de se tornar engenheiro de gravação. De 1967 em diante foi engenheiro consultor no A&M Studios, de Herb Alpert, e responsável por vários álbuns de sucesso, incluindo a maior parte dos trabalhos ambiciosos e aclamados pela crítica de Joni Mitchell da década de 1970. Em 1971, Lewy já tinha provado sua importância para a cena country rock, tendo produzido os LPs mais marcantes do The Flying Burrito Brothers, *Gilded Palace of Sin* e *Burrito Deluxe*. Ironicamente, "The Needle and the Damage Done", sua única contribuição para um álbum de Neil Young até hoje, é a única canção de *Harvest* a não apresentar nenhuma influência country.

KENNY BUTTREY "era o tipo de baterista que comia vivo um engenheiro que não conseguisse tirar um bom som de bateria e uma boa mix para fone de ouvido", segundo Elliot Mazer. Sua atitude grosseira não o impediu de se tornar um dos músicos de Nashville mais requisitados nos anos 1960; e, ao contrário de alguns, ele era facilmente capaz de se voltar para o rock e para o country rock. Quando Neil Young o chamou para tocar em *Harvest*, Buttrey já era bem conhecido fora do circuito de Nashville, não apenas por seu trabalho com Bob Dylan em *Blonde on Blonde* e *Nashville Skyline*, mas pelos dois álbuns que havia gravado com o Area Code 615. Depois de abandonar o barco em seguida à amarga turnê de *Time Fades Away*, Buttrey retomou sua carreira de músico de estúdio e acumulou um impressionante currículo. Mais tarde, junto com os outros membros dos Stray Gators, voltou a tocar com Neil Young em *Harvest Moon*.

TIM DRUMMOND também tinha um histórico musical impressionante antes de se tornar um membro dos Stray Gators. Sua entrada no mundo das estrelas foi como músico da banda de Conway Twitty na época em que ele era um astro do rockabilly. Drummond fora também o único homem branco do The Famous Flames de James Brown. O ritmo da turnê com Brown acabou por cansá-lo, e ele se estabeleceu em Nashville como músico de estúdio. Depois de gravar *Harvest* e juntar-se a Young na turnê de *Time Fades Away*, ele se mudou para Los Angeles e tocou com vários grandes nomes, entre os quais Bob Dylan, Beach Boys, J.J. Cale e Ry Cooder. Drummond faz parte da restrita lista de dois ou três baixistas com que Young contou na maioria de seus álbuns: além de *Harvest*, está em *On the Beach*, *Unplugged* e, é claro, *Harvest Moon*.

BEN KEITH foi uma adição de última hora à banda de *Harvest*. Tendo chegado quando metade das sessões já havia sido feita, ele nem sequer se deu conta de que Neil Young era um artista solo e também membro do CSNY. "Gravamos metade do álbum antes mesmo de ele se apresentar", disse Young mais tarde. Desde então, Keith foi um de seus colaboradores musicais mais constantes — seria mais fácil listar os álbuns em que ele não participa. De todos os Stray Gators, era aquele com raízes mais fortes na música country e era conhecido em Nashville há muito tempo por seu trabalho com Patsy Cline. Sua participação em *Harvest* foi amplamente responsável por trazê-lo à atenção do mundo musical fora de Nashville, levando-o a trabalhar com bandas e artistas como The Band, Linda Ronstadt, J.J. Cale e muitos outros. Também teve sucesso como produtor, particularmente com o álbum de estreia de Jewel, *Pieces of You*, que vendeu mais de 5 milhões de cópias.

JAMES TAYLOR estava em posição semelhante à de Young quando os dois foram a Nashville participar do *Johnny Cash Show*. Seu multiplatinado *Sweet Baby James*, de 1970, fez com que se tornasse um dos destaques de uma nova geração de cantores-compositores sensíveis e adocicados. *After the Gold Rush* e *Harvest* haviam levado Young ao mesmo patamar, e os dois tinham outras coisas em comum. Young possuía um histórico de epilepsia, e tinha visto a heroína levar um de seus melhores amigos; Taylor era um ex-viciado que havia sido hospitalizado por doença mental. Enquanto Young estava prestes a deixar a categoria de cantores-compositores sensíveis e doces, Taylor manteve certa consistência de estilo e teve uma sequência de álbuns de sucesso ao longo dos anos 1970. *Harvest* e sua sequência, *Harvest Moon*, continuam sendo os únicos álbuns de Neil Young que contaram com sua participação.

LINDA RONSTADT foi uma das primeiras artistas a fazer sucesso misturando country com rock e folk. Quando esteve em Nashville com Young e Taylor para participar do *Johnny Cash Show*, já havia lançado dois álbuns de country rock pioneiros, e seu terceiro álbum, de 1971, contava com o apoio de uma banda que depois se transformaria no Eagles. O gênero trouxe sucesso a Ronstadt durante a maior parte dos anos 1970, e ela foi perspicaz o bastante para mudar de direção quando o punk e o new wave estouraram. Além de ter aparecido em vários outros álbuns de Neil Young, como *Homegrown*, *Freedom*, *Harvest Moon* e *Silver & Gold*, ela também gravou versões para várias músicas de Young, entre elas "Birds", "I Believe in You" e o grande sucesso "Love Is a Rose", que ela e Young haviam gravado originalmente para *Homegrown*.

DAVID CROSBY foi membro fundador do The Byrds e a força por trás de algumas das experiências musicais mais ousadas do grupo. Tensões crescentes dentro da banda o fizeram sair em 1967, e depois de produzir o álbum de estreia de Joni Mitchell, ele se juntou a Stephen Stills e Graham Nash para formar o CSN. As sessões de gravação do primeiro disco foram tranquilas, mas as tensões aumentaram com o sucesso e a entrada de Young. O lendário vício em drogas de Crosby contribuía para as brigas internas e acabaram por levá-lo à prisão e a um transplante de fígado. Ele e Nash se juntaram a Young para a parte final da turnê de *Time Fades Away*, e os quatro vêm trabalhando juntos intermitentemente desde então, mas somente em 1988 foi lançado o segundo álbum do CSNY, *American Dream*.

GRAHAM NASH, na cena da Costa Oeste no final dos anos 1960, era um improvável convertido. Tinha se tornado um astro como harmonista vocal e compositor do The Hollies, uma banda pop inglesa careta, mas ficara frustrado com o fracasso do álbum psicodélico de 1967 do grupo, *Butterfly*. Os outros membros do The Hollies queriam manter seus fãs felizes e voltar ao pop de massa, então Nash deixou a banda, foi para a Califórnia e se juntou a Crosby e Stills. Desde então, lançou uma série de álbuns como artista solo ou em várias combinações do CSN. Ele e Crosby foram parceiros especialmente próximos, e gravaram vários álbuns como duo. Nash e Young lançaram juntos um single, "War Song", de 1972.

STEPHEN STILLS veio para a Costa Oeste do Texas por Nova York. Sua primeira banda significativa foi o The Au Go Go Singers, que tinha em sua formação Richie Furay, futuro baixista do Buffalo Springfield. A turnê do grupo no Canadá, realizada em 1965, propiciou o encontro de Stills com Neil Young. Desde o início, o Buffalo Springfield girava em torno da rivalidade entre Stills e Young, encenada ao vivo em duelos de guitarra barulhentos. Foi de Stills o único hit do grupo, "For What It's Worth", e após o término da banda ele logo voltou a público com Crosby e Nash. Stills era um perfeccionista no estúdio, e dominou a gravação do primeiro álbum do grupo. Quando o CSN se tornou CSNY, a tensão entre Young e Stills logo reapareceu.

Stephen Stills começou os anos 1970 com uma sequência de álbuns solo bem-sucedidos, enquanto os últimos trabalhos do CSN também tinham vendido bem. Embora a relação com Young sempre tenha sido tempestuosa, ela foi também criativamente inspiradora, e o LP *Long May You Run*, de Stills e Young, de 1976, é o único álbum em colaboração que Young gravou à exceção dos discos com o CSNY.

# *Harvest* em CD e DVD-Audio

Neil Young se tornou conhecido por sua opinião sobre os CDs: ele os odeia. Alguns o pintaram como um ludita, mas seu ponto de vista vai além do puro preconceito contra o áudio digital, e é compartilhado pelo produtor de *Harvest*, Elliot Mazer. Para ser mais preciso, o que Young e Mazer não gostam é especificamente do formato digital utilizado nos CDs. Ambos sentem que a taxa de amostragem de 44,1 kHz e a amplitude dinâmica de 16 bits não dão conta de reproduzir música e fazê-la soar bem.

Mas nem sempre foi assim. Young na verdade foi um dos primeiros astros do rock a fazer experimentos com gravação e síntese digital, e Mazer chegou mesmo a ajudar a desenvolver a tecnologia com a equipe de John Chowning no Centro de Pesquisa Computacional em Música e Acústica da Universidade de Stanford. Para sorte da Warner Bros., a gravadora conseguiu lançar *Harvest* em CD antes de seu criador perder o gosto pelo formato. "Quando fiz a primeira remasterização do álbum em CD, soava tão bem quanto era possível na época, no início dos anos 1980", diz Elliot Mazer. "Achamos que o PCM [modulação por código de pulso], sistema usado para codificar sons digitalmente em CDs, soava bem. Então, um dia, comparamos o CD e o vinil de *Born to Run*, de Bruce Springsteen, e ficamos chocados ao ver como o som do vinil era muito melhor."

Depois dessa revelação e de uma experiência infeliz com a gravação digital de seu álbum *Everybody's Rocking*, de 1983, Neil Young tem sido inflexível em sua hostilidade ao CD. Ele chegou ao extremo de impedir o lançamento de seis de seus álbuns nesse formato, entre eles *Journey Through the Past*, *Time Fades Away* e *On the Beach*, e lança todos os seus álbuns novos em HDCD, formato pouco usado e que é compatível com reprodutores comuns de CD, mas oferece qualidade de som superior com reprodutores especiais.

Para um CD dos primórdios da era digital, *Harvest* é perfeitamente aceitável, embora talvez soe um pouco estéril e frio em comparação com a versão em vinil. Certamente poderia ter sido muito pior; muitos álbuns clássicos tornaram-se quase inaudíveis em sua primeira versão em CD por incompetência na conversão do sistema analógico para o digital.

Em 2003, contudo, a indústria musical está decidida a dar um basta no CD e substituí-lo por um de dois novos formatos digitais de alta resolução: DVD-Audio e Super Audio CD. No momento em que escrevo, a Warner Bros., gravadora de Neil Young durante a maior parte de sua carreira, está comprometida com o DVD-Audio, ao passo que suas principais concorrentes optaram pelo Super Audio CD. Parece improvável que qualquer um desses formatos sobreviva, e enquanto audiófilos participam de um acalorado debate sobre qual deles tem a melhor sonoridade, vários fabricantes de aparelhos de som estão simplesmente construindo reprodutores compatíveis com os dois. Os Super Audio CDs também são compatíveis com reprodutores tradicionais, mas a qualidade superior de áudio só está disponível em reprodutores específicos dessa tecnologia.[7]

---

[7] Hoje, mais de uma década depois de este livro ser escrito, tanto o DVD-Audio quanto o Super Audio CD, assim como outros formatos de gravação de conteúdo em CD, ficaram obsoletos por conta da popularização do mp3. [N.E.]

Decidida a consolidar o formato pelo qual optou, a Warner Bros. reeditou, em DVD-Audio, os clássicos de seu catálogo, muitas vezes com extras e sempre com uma mix em surround. Quer o som surround seja um embuste, quer seja um avanço significativo de qualidade, é louvável a política da Warner de chamar o produtor original do álbum sempre que possível para supervisionar a nova mixagem. O DVD-Audio de *Harvest* foi remixado por Neil Young e Elliot Mazer no Redwood Digital, estúdio do próprio Young. Mas eles não foram tão generosos nos extras — teria sido interessante ouvir takes alternativos como a versão tranquila de "Alabama" e a inédita "Bag Fog of Loneliness", mas as faixas são as mesmas. Os extras incluem uma divertida e incoerente entrevista com Young, um breve excerto de Mazer "nos bastidores do celeiro" e algumas fotos de Joel Bernstein tiradas durante as sessões de gravação.

Young e Mazer estão totalmente convertidos aos méritos sônicos do DVD-Audio, que oferece gravação em 24 bits em taxas de amostragem até 192 kHz, a ponto de se dizer que Young está feliz por lançar seus "seis álbuns desaparecidos" no novo formato. Devemos destacar, porém, que comprar o DVD--Audio de *Harvest* não garante acesso automático à versão do álbum em resolução avançada, apesar da frase que nele vemos gravada: "Este disco toca em todos os reprodutores de DVD." Na verdade, há cinco versões diferentes do mesmo álbum no disco. A mixagem tradicional em estéreo é incluída duas vezes, em áudio de alta resolução 192 kHz/24 bits e também em um formato menos impressionante, o Dolby Digital 2.0. A mix em surround 5.1 aparece três vezes, em áudio de alta resolução 96 kHz/24 bits e nos formatos Dolby Digital 5.1 e DTS 5.1.

Apesar da ampla aceitação do DVD como formato de vídeo, a grande maioria dos reprodutores não suporta o padrão de alta resolução do DVD-Audio. Apenas quem dispuser de reprodutores compatíveis com DVD-Audio poderá ouvir o áudio em alta resolução, seja em estéreo ou em surround. Qualquer pessoa com um reprodutor comum de DVD e a maioria das pessoas que utilizar o drive de DVD-ROM do computador serão capazes de ouvir apenas as versões em Dolby e DTS. Como esses dois formatos apresentam "perdas", devido à compactação de dados necessária para que toda a informação caiba numa mídia com espaço limitado, a qualidade do som é inevitavelmente comprometida. Por ironia, todos os esforços de Young em apresentar sua música na melhor resolução possível não impedirão que muitas pessoas venham a escutar seus álbuns num formato talvez pior do que o CD. No caso de *Harvest*, de toda forma, os benefícios de uma nova conversão a partir das masters originais são evidentes mesmo nas versões em DTS e Dolby.

© Editora de Livros Cobogó

Organização da coleção
Frederico Coelho
Mauro Gaspar

Editora-chefe
Isabel Diegues

Editora
Mariah Schwartz

Coordenação de produção
Melina Bial

Tradução
Diogo Henriques

Revisão de tradução
Silvia Rebello

Revisão
Eduardo Carneiro

Projeto gráfico e diagramação
Mari Taboada

Capa
Radiográfico

CIP-BRASIL. CATALOGAÇÃO-NA-FONTE
SINDICATO NACIONAL DOS EDITORES DE LIVROS, RJ

---

I38h

Inglis, Sam

Harvest: Neil Young / Sam Inglis; [organização Frederico Coelho, Mauro Gaspar]; tradução Diogo Henriques. - 1. ed. - Rio de Janeiro : Cobogó, 2016.

120 p. (O livro do disco)

Tradução de: harvest
ISBN 978-85-5591-004-3

1. Young, Neil, 1945-. 2. Músicos de rock - Estados Unidos - Biografia. I. Título. II. Série.

16-29921

CDD: 927.824166
CDU: 929:78.067.26

---

Nesta edição foi respeitado o Acordo Ortográfico da Língua Portuguesa de 1990, que entrou em vigor no Brasil em 2009.

Todos os direitos em língua portuguesa reservados à
**Editora de Livros Cobogó Ltda.**
Rua Jardim Botânico, 635/406
Rio de Janeiro — RJ — 22470-050
www.cobogo.com.br

## O LIVRO DO DISCO

Organização: Frederico Coelho | Mauro Gaspar

**The Velvet Underground and Nico** | *The Velvet Underground*
Joe Harvard

**A tábua de esmeralda** | *Jorge Ben*
Paulo da Costa e Silva

**Estudando o samba** | *Tom Zé*
Bernardo Oliveira

**Endtroducing...** | *DJ Shadow*
Eliot Wilder

**LadoB LadoA** | *O Rappa*
Frederico Coelho

**Daydream Nation** | *Sonic Youth*
Matthew Stearns

**As quatro estações** | *Legião Urbana*
Mariano Marovatto

**Unknown Pleasures** | *Joy Division*
Chris Ott

**Songs in the Key of Life** | *Stevie Wonder*
Zeth Lundy

**Led Zeppelin IV** | *Led Zeppelin*
Erik Davis

**Electric Ladyland** | *Jimi Hendrix*
John Perry

**Paul's Boutique** | *Beastie Boys*
Dan LeRoy

2016

1ª impressão

Este livro foi composto em Helvetica.
Impresso pela gráfica Stamppa,,
sobre papel offset 75g/m².